幸福地图集

Helen Russell

# THE ATLAS OF HAPPINESS

# 幸福地图集

The Global Secrets of How to Be Happy

世 界 上 关 于 幸 福 的 奥 秘

[英] 海伦·拉塞尔————著

卢一欣————译

译林出版社

**图书在版编目（CIP）数据**

幸福地图集：世界上关于幸福的奥秘／（英）海
伦·拉塞尔（Helen Russell）著；卢一欣译．—— 南京：
译林出版社，2023.8
书名原文：The Atlas of Happiness: The Global
Secrets of How to Be Happy
ISBN 978-7-5447-9515-9

Ⅰ.①幸… Ⅱ.①海…②卢… Ⅲ.①世界 – 概况
Ⅳ.① K91

中国版本图书馆 CIP 数据核字（2022）第 216063 号

著作权合同登记号　图字：10-2019-404 号

**幸福地图集：世界上关于幸福的奥秘** [英国] 海伦·拉塞尔／著　卢一欣／译

| | |
|---|---|
| 责任编辑 | 赵　奕 |
| 装帧设计 | 任凌云 |
| 校　　对 | 戴小娥　梅　娟 |
| 责任印制 | 闻媛媛 |

| | |
|---|---|
| 原文出版 | Two Roads，2018 |
| 出版发行 | 译林出版社 |
| 地　　址 | 南京市湖南路 1 号 A 楼 |
| 邮　　箱 | yilin@yilin.com |
| 网　　址 | www.yilin.com |
| 市场热线 | 025-86633278 |
| 排　　版 | 南京新华丰制版有限公司 |
| 印　　刷 | 江苏凤凰通达印刷有限公司 |
| 开　　本 | 890 毫米 ×1240 毫米　1/32 |
| 印　　张 | 10.75 |
| 插　　页 | 2 |
| 版　　次 | 2023 年 8 月第 1 版 |
| 印　　次 | 2023 年 8 月第 1 次印刷 |
| 书　　号 | ISBN 978-7-5447-9515-9 |
| 定　　价 | 78.00 元 |

# 目 录
CONTENTS

# 海伦·拉塞尔致中国读者的信

 一个多世纪以来最严重的健康危机——其影响范围波及全球，且如此持久——用前所未有的方式考验着我们对于幸福的感受。反正我个人的幸福感遭受了考验。一场持续两年多的全球大流行病为我们带来许多前所未料的挑战——所有人都损失惨重。2022 年联合国全球幸福指数报告（中国在其中排名第 72 位）显示，人们普遍感受到更大的压力，变得更加忧虑和悲伤，长期以来享受生活的乐趣也在减少。影响我们幸福感的因素有六个：收入、健康、可以依靠的人、自由、慷慨和信任。在大流行病期间，这几个因素大多受到了严重影响。

 能够与我们在乎的人时常保持联系是幸福感的关键指标之一，这一点放之四海而皆准。我们天生就是社会性生物，唯一可以独自生存的哺乳动物是侏儒河马。与人接触能让我们更快乐。但是，在新冠肺炎疫情期间，必要的身体距离和隔离措施使我们不得不牺牲社交活动。许多人感到更加孤独，人与人之间联络得更少，我们获得的支持似乎也变少了。所有这些都使我们不如从前快乐，而我们的工作则使情况更加糟糕。

由于担心在大流行病期间失业，我们无薪加班的时间比以往任何时候都多。亚太地区的无薪加班时间最长，平均每周为 9.9 小时。各种封控期间，我们未必会在办公室或工作场所花费这么多时间，但我们总是一大早就远程登录，深夜还要查收工作邮件。在这个数字化时代，超时工作已经转为线上。但是，长时间的工作并不能提高生产力、价值或个人成就感；相反，根据世界卫生组织的说法，它危害着人们的健康。过度劳累会导致倦怠、糟糕的判断力和慢性疲劳综合征，并最终缩短寿命。过劳死或"工作到死"这一概念起源于三十年前的日本。但现在，全世界都很担心这种大流行病引起的过度劳累将带来不良影响，三分之一与工作相关的死亡数据是它造成的（数据来自世界卫生组织）。这种工作方式的实际代价无疑是惨重的，大流行病的社会和经济影响将在未来几年内显现出来。不过，数据是数据；幸福是由每一个作为个体的人去感受的。这就意味着希望。

我们每个人获得幸福的能力取决于三件事：遗传基因、环境和生活方式。我们无法掌控前两者，这当然很不幸，但即便是在全球大流行病期间，我们也可以把握第三件事。而且这一点如今比以往更加重要。因为在我的研究中，我越来越发现，许多人都被灌输了一个非常狭隘的对"幸福"的定义，认为幸福就是根本不会悲伤，不会遇到困难，或者不必进行高难度的谈话。这个定义对我们所有人都不好。当我们失去某些人或事物时，感到悲伤是自然而然的事；当令人悲伤的事情发生时，难过也是正常反应。比如，在全球大流行病期间感到悲伤是完全正常的。研究表明，如果我们试图避免悲伤，哪怕是一点点，我们同样也会限制自己获得快乐的能力。事实证明，通过压抑自己的情绪来逃避悲伤会适得其反。1987年，哈佛大学社会心理学家丹尼尔·韦格纳进行过一项思想实验，要求受试者不去想白熊。这个实验的灵感来自俄国作家陀思妥耶夫斯基，因为他写过："试试这样：不要去想北极熊，然后你会发现这个讨厌的东西每分钟都浮现在你脑海里。"韦格纳发现，参与者通常会去想他们理应尽量避免去想的白熊，进一步的研究则证实，抑制思想是徒劳的，而且还会加剧我们希望逃离的那种情绪。每个人在生命中都会经历悲伤、失落和失望。但我发现，我们都可以变得更快乐，通过学习如何处理悲伤的情绪可以更好地帮助我们。新南威尔士大学的研究人员发现，接受和允许暂时的悲伤有助于增强我们对细节的关注，使我们更有毅力，更加慷慨，更加感激我们所拥有的一切。在这方面，有些地方做得更好。在希腊，哀悼是一件重要的公共活动。在不丹，火葬场位于城市中心，因此孩子们在成长过程中就会明白失去和死亡是无法避免的事。在巴西，国庆日用来纪念 saudade，这个词表示对曾经的幸福（或者只是你想要的幸福）的愁绪和怀念。事实证明，幸福的生活并不代表总是得成天乐呵呵的，而是在于价值和意义，正如中国的"幸福"一词所体现的那样。

　　从孔子到亚里士多德，大思想家们都告诫我们，美好的生活未必一帆风顺，不是每天都阳光普照。但是在我们生活的社交媒体时代，许多人似乎已经忘记了这一点，而是期望一周七天、一天二十四小时，都能过上社交网络照片里那样加了滤镜的完美生活。在网上，看起来好像其他人都在微笑，时时刻刻如此。但互联网不是现实生活。现实生活既混乱又不可预测：交通拥堵、找不到鞋子、奇怪的皮疹，以及在不凑巧的时候内急。现实生活中，人们可能会感觉艰难，但是没关系。感觉生活艰难，是因为有时它的确艰难，可那并不代表挣扎没有意义。亚里士多德认为，要拥有美好的生活，我们必须品行端正、身体健康、生活宽裕，并且结交好友（这不太像遁世之人和独居者的美好生活）。我们还需要得到其他人的尊重并交一些好运，因为任何人的生活都可能由于悲惨的失去或厄运而变得不幸。我们这几年已经痛苦地发现，坏事也可能发生在好人身上。正如加拿大学者凯特·鲍勒所言："生而为人，没有解药。"我们也不应当希望有解药。就是这样。这就是生活，它偶尔闪烁着痛苦的荣耀。我们不能退出，也不能蒙上眼睛自欺欺人。就像亚里士多德关于美好生活的终极标准所揭示的那样：我们必须投身其中，必须做点什么，做出贡献和回馈。

新冠肺炎大流行期间，最显著的变化之一是全球慈善事业的高涨。研究人员所说的"亲社会活动"大幅增加。在世界各地，向慈善机构捐款、帮助陌生人和从事志愿工作的人的比例都在上升。行善会让我们感觉良好。有一套完整的经济学理论叫"温情效应"，指对他人付出时所得到的情感回报。核磁共振扫描显示，做好事时，我们大脑中的某些地方会点亮，为"行善"的快乐而发光。子曰："仁者不忧""己欲立而立人，己欲达而达人"。所以，要真正感到幸福，我们都责无旁贷。

毫无疑问，世事艰难，但我们还活着。事实上，你能读到这篇文章，说明你是尚且有时间和空间去阅读的幸运儿之一。我们要挺住，要共同去面对。在过去的几年里，我已经认识到，幸福并不意味着逃避困难或者不感到悲伤，而是要感受一切并好好生活。这就是我的小小尝试：去扩大我们对美好生活的定义，无论我们身在何处。就从现在开始。

# 序言

欢迎欢迎，快请来到这本书里的世界。外面的世界多艰险哪。实时更新的新闻消息很容易令人感到这个世界每过一分钟就变得更加悲惨、人们更加自我封闭，而日子的确是暗淡无望的了。但新闻讲的是发生的事件，不会讲别的。人均寿命比过去更长，人们的休闲时间比过去更多，无论你是哪里人，这些对你而言都已经不是新闻了。

不会有新闻头版报道说，现代技术使人们在家务劳动上花费的时间从每周六十小时下降至十一小时了（电机波轮[1]万岁！）。联合国千年发展目标的数据和世界银行最新的报告[2]显示，在过去的二十五年中，全球饥饿人口减少了 40%，儿童死亡率降低了一半，极度贫困人口减

---

1　洗衣机、洗碗机等现代家用电器中的波轮依靠电机带动，高速旋转、搅动水流，从而达到洗涤的目的。
2　本书于 2018 年在英国出版。

少了三分之二。这三个统计数据近期都不太可能成为推特的热门话题。

当一切进展顺利时，几乎没什么可报道的。"消极偏见"的意思是我们人类对坏事的反应比对好事的反应更强烈，我们对坏事也记得更牢一些。但这并不意味着就只剩下坏事了。我们得尽量有意识地记住那些好的事情，并且怀抱希望，否则我们就无法让一切变得更好了。

保持乐观并不可笑，这是必要的。如果我们总感到绝望，总是陷入危机，那么自然的反应就是干脆放弃，不再努力。但我们不能输给这种态度。有了问题就要解决它，遇到挑战就迎难而上。我们可以既认识到糟糕的情况，同时也想着如何做得更好。每一天，在世界各地，都有人获得幸福。通过了解他们，我们可以找到更多让自己、让别人幸福的方法。同理心很重要，了解世界上其他地方的人看重什么，对我们所有人都有益处。理解不同地区的人如何看待幸福，也能对我们在人生道路上的互动产生影响。

为了撰写我的第一本书《丹麦一年：追寻幸福生活的秘密》，我从 2013 年开始做一些有关幸福的研究。现在这本书的灵感就来自我在那个过程中从别人身上获得的精彩证言。从那时起，我就在一些最古怪的地方（公共厕所、森林、沙丘……）接触世界各地的人，他们都乐意分享自己对幸福的独特看法。作为一个生活在海外的国际人士，我也有幸拥有一个令人愉快的多元文化社交圈，来自各大洲的密友为我提供了专业知识和精神启迪。我最终整理出一个文化习俗指南，为世界各地关于幸福以及"美好生活"的理念提供一种横向视角，展示世界各地获取幸福的不同方法，为你展开一段意想不到的非凡旅程。这并非一部汇编了世界上最幸福地区的简明百科全书，它只是让我们了解使各地的人变得更幸福的一些观念。毕竟，如果只关注那些在幸福民意调查中的领先者，我们就会错过自己可能不太熟悉的文化中的观念和知识。

没有哪个地方是完美的。这本书赞赏了各种文化中的精髓及其优秀的特质，因为这些应当是我们的目标。这里罗列的观念还不够详尽全面，我愿知道更多。如果我遗漏了哪些关于幸福的真谛，请告诉我。小小的词语可以产生巨大的影响，看似简单的想法能改变我们认识世界的方式。没人想过丹麦语中的 hygge 会流行，但它现在已经成为世界级现象。接下来，将由你来决定这本书里的哪些概念能掀起下一波热潮。

我所研究的主题有一些是普世性的，例如与家人和朋友团聚、减轻工作压力、享受大自然之乐，而另外一些，譬如芬兰人的"穿内裤喝酒"和日本人对衰老的珍视，都极为独特有趣。反正有一件事是肯定的：我们都能变得更快乐，而且办法也很多。

所以呢，我这儿有三十三个让人高兴起来的理由，使人充满希望，在人一筹莫展的时候提供妙招。它们当中有的理念彼此相悖，正如一些地区的文化与其他地区的正相反。那没关系，我们都与众不同，选择对你有用的就行。读一读这本书，补充一些能量，找到使你中意的点子吧。

# 澳大利亚

—

# Fair go
# "公平的机会"

# Fair go
## "公平的机会"

短语，指每个人、每件事都应当拥有公平的机会。它最初记载于 1891 年的《布里斯班信使邮报》。当时，一些羊毛工人因为罢工被逮捕了，但被捕前没人向他们宣读逮捕令。他们对经理说："你觉得这是一次 fair go 吗？"此次罢工是这个国家史上最早也是最重要的罢工之一，它促成了澳大利亚工党的诞生。澳大利亚也从此被视作一个主张人人平等的国家，这里的人重视公平良好的体育精神和积极的人生观。

## 澳大利亚

我至今一听到电视剧开场的钢琴和弦，仍会产生巴甫洛夫效应，穿越回青春时代那个无穷无尽的夏天。那时我刚开始了解海滩生活、冲浪和 fair go 精神。作为一个在 20 世纪 80 年代英国郊区长大的孩子，海滩生活和冲浪对我来说没什么用处，但 fair go 精神为我今天的自由主义倾向打下了基础。我六岁时，电视剧《邻居》首次播出。这部澳大利亚肥皂剧欢快的片头曲由 G 大调和 C 大调组成（很像卡彭特乐队的《靠近你》），十五年来，它标志着拉姆齐街的每日朝圣要开始了。澳大利亚电视剧《聚散离合》1989 年在英国播出时，我也看了。这意味着在六岁到二十一岁（我当时在上大学）这个易受影响的时间段里，我上了 3 510 小时的"辅导课"，用于学习澳大利亚的 no worries（别担心）阳光文化和 fair go 哲学。

据我那位来自布里斯班的朋友谢里丹说，这些时间花得很值，因为正是友善、阳光和 fair go 精神使澳大利亚人变成了现在这副模样。所以，作为一名业余人类学家和幸福感研究员，我还算起步得挺早。

谢里丹说："fair go 对澳大利亚人的幸福非常重要，它意味着机会均等，每个人都有一个 fair go。"来自阿德莱德的让也同意："它的意思是，无论你来自哪里，无论你是谁，如果你有能力做这件事，别人就没有理由将你拒之门外。由此还衍生了一个短语：你会给某件事一个 fair go，就是指你会尽最大努力去尝试。"这反过来会让你开心，因为你会感到一切皆可实现，人人平等，而且大家都团结在一起。

澳大利亚经常跻身全球十大最幸福国家之列，澳大利亚人也一直被认为是乐观、友好的群体。他们从小就学习如何与他人相处，最重要的是"按规则行事"和"参与其中"。来自墨尔本的本说："老师们特别执着于这一点，他们鼓励每个人参与进来。我记得在学校时，教室里的左撇子剪刀和右撇子剪刀一样多。我经常被绿柄的左撇子剪刀难倒……"

但是澳大利亚的 fair go 理念最为显著地体现在这个国家举国迷恋的事情上：体育赛事。本有过一次温馨的回忆：有一天他因为抄着两只手而被拖出一场足球比赛。"我对教练说：'我觉得我做得还可以！'但他告诉我：'不，你只是站在那里，你没有给它一个 fair go！'你得努力。就是这样。"这比展示任何天赋更为重要。在澳大利亚所有孩子的成长过程中，他们冬季都要打无板篮球或足球比赛，夏季则要打板球比赛。

本说："在澳大利亚，板球是最接近宗教的事情。"这就是为什么其国家队 2018 年的板球作弊丑闻让许多澳大利亚人颜面扫地。国际板球理事会处罚澳大利亚队停赛一场，但澳大利亚板球协会这一国家级协会决定停赛一年。本说："我们比别人更严厉地惩罚自己。"（本的工作是市场营销，但谈到澳大利亚板球队时，他仍然说"我们"。）我指出，兴奋剂丑闻和可疑尿检样本如今这般猖獗，"用砂纸把球打磨光滑"的罪行相比之下显得微不足道，但本确定无疑地告诉我，那的确是一桩大事。"作弊完全违背了澳大利亚公平竞争的价值观，所有事情必须是公正和平等的，"他说，"是的，国家电视台都在为他们所做的事情哭泣，因为他们破坏了 fair go 法则。"

在澳大利亚，体育赛事非常受人推崇。为了维多利亚州举行的澳大利亚足球联赛总决赛，赛前甚至还会有一个公众假期，人人都可以为"墨尔本杯"放假一天。利兹来自珀斯，是我曾经的室友，她说："我们还喜欢橄榄球（联盟式及联合会式都有）、游泳、网球……而且热爱体育并不意味着你必须擅长体育活动。"我们都知道，运动时身体会释放内啡肽，使我们更快乐、健康，但事实证明，当一名体育迷也足以让我们更快乐。粉丝圈给人一种集体感，而这种"归属感"能让人感到更加幸福。美国默里州立大学的运动心理学研究人员发现，体育迷们普遍拥有更高的幸福感、较低的孤独感以及明显更良好的社交生活，而且他们还有共同语言。这是澳大利亚人多年前就已经领悟到的事。本告诉我，澳大利亚的体育俱乐部招募新移民参加足球比赛，这样他们就可以了解澳大利亚文化并找到与新同事或同学交流的谈资。他强调："这太重要了。"但有趣的是,澳大利亚人即便有部落主义心理,也不会像其他国家的人那样强烈,更不会要求别人只支持澳大利亚体育团队。谢里丹说："我们总是关心处于弱势的一方,我们总是支持他们,否则就不公平了,而且或许有一天我们自己也会沦为弱势的一方。只要对方的队伍在这个比赛中努力了,他们就应该得到一次 fair go。这就像是我们国家的座右铭。"

当然,现实并不总像说的那样好听,有些人显然从没获得过一次 fair go,例如澳大利亚的原住民。他们自英国 1788 年殖民澳大利亚以来,在几乎所有能想到的方面都遭受了彻底的歧视。谢里丹称："澳大利亚肯定是戴着有色眼镜对待澳大利亚土著的。"1 月 26 日至今仍被称作"澳大利亚日",人们用这一天来"纪念"第一支舰队登陆;尽管许多澳大利亚人现在主张将其更名为"入侵日"。澳大利亚在性少数群体权利方面也并不一直很出色,虽然悉尼是世界上对同性恋最友好的城市之一。不过,在 2017 年,许多澳大利亚人终于投票支持婚姻平等权,给了爱情一次 fair go。2018 年 3 月,北领地成为最后一个通过收养平等法允许同性恋者收养儿童的辖区。

维多利亚州的报纸《世纪报》上发表的一项调查显示,如今,澳大利亚人对 fair go 的权利评价最高。这样的结果是,澳大利亚社会有志于强硬反对等级制度。既然没有谁高人一等，那为什么要差别对待呢？每个澳大利亚人身上都有一种反对专制的特质，而澳大利亚喜剧的特点就是对拿腔作势的姿态进行挑衅（《凯斯和吉姆》与《乌托邦》是我最喜欢的两个澳大利亚出口的电视节目。我终于看完《邻居》，开始看新的电视剧了……）。这种态度催生出一种极其原始的表达方式，将澳大利亚人的英语与他们那些在世界另一端、情绪更为压抑的表兄弟使用的语言区别开来（打个招呼）。没有什么比这句超现实的澳大利亚谚语更能让人振奋一上午的了："有些袋鼠在小牧场里放飞自我了……"意思是某人脑中的袋鼠们开小差了，所以人脑子糊涂了。或者相当接地气的一句："我们不是来这里搞蜘蛛的……"这句话本来指："我们不是来这儿瞎闹的，应该继续做好手头的事情。"但这么说就至少丢了一半的乐趣，没错吧。

"我想，我们很擅长自嘲，"谢里丹说，"而且我们不会把自己看得太重要。整体说来，我们给人积极向上的印象，但我们对此无所谓。"这是因为 no worries 这一概念。现在这句话随处可见，从美国到英国、新西兰、南非，甚至加拿大，但 no worries 是澳大利亚文化的集中体现，概括了友好的乐群性、活跃的幽默感和无忧无虑的乐观态度。"no worries 已经融入澳大利亚人的心态，"本说，"这种思维方式表明，无论事情有多么糟糕，最终都会变好的。人们充满希望和信心。"尽管我表示澳大利亚人实际上有很多东西需要担心——鲨鱼啦，水母啦，蛇啦，鳄鱼啦，"蝎子鱼"（显然是个东西）和致命蜘蛛啦（被人搞的那种[1]，或是搞人的……）。"你一点都不担心这些吗？"我小心翼翼地问道。本耸了耸肩，回答说："我想，反正我们最后都是要死的……但 no worries 这种新颖的观点让我能够无所畏惧地去生活、去爱，即使事情并不总能如我所愿。"

作为一个长期焦虑的人，我认为 no worries 的生活理念颇具吸引力。如果不是这个国家的每块岩石底下都藏着致命生物，那么在这里坚守这条真言应该不费吹灰之力。但是，当一切似乎都太难了，我们又如何保持积极的态度呢？"阳光很有用，"谢里丹说，"它让你保持情绪冷静，何况你还拥有这明亮的蓝天。"季节性情感障碍是指由于冬季光照减少而引起的临床症状，这在阳光充沛的澳大利亚非常罕见。大多数情况是这样。"但即便我们遇到热带风暴，"谢里丹说，"暴雨也并不寒冷。"我记得几年前在悉尼遇到过一场雷雨，的确感觉像洗了个痛快的热水澡似的。没错，在澳大利亚，连雨水也十分宜人。谢里丹告诉我，持久的晴天也有缺陷，这稍稍缓解了我对他们长久的妒忌："在澳大利亚，你仿佛就住在海滩上，或者至少是经常去海滩。昆

---

1 见前页澳大利亚谚语"我们不是来这里搞蜘蛛的"。

士兰州的气温高达 36 至 38 摄氏度。我的白皮肤上长着雀斑，生命中的前十六年都穿着沙滩裤和长袖薄紧身衣，戴着帽子，有时我还要带遮阳伞乘凉。我看起来像 18 世纪妇女跟巴特·辛普森的结合体……"

我对她表示同情，我告诉她，我的皮肤也不喜欢晒太阳，但我的灵魂很喜欢。本就很能理解这一点："阳光照到脸上的感觉简直无与伦比，人立刻就感到一切都会好起来。"在澳大利亚，人们并不将好天气视作理所当然。政府会为身体虚弱的病患提供经费补助，让他们去北部待上一阵了，那里更暖和。"我们相信太阳对人有益，"本说，"我们很幸运能够拥有它。我们自称是'幸运之国'。"

说"幸运"是没错的。澳大利亚人有着良好的福利体系，包括免费医疗、一直覆盖到大学的义务教育，以及在学生的本科阶段之后还提供零利息的学生贷款来承担他们的学费和生活费用。许多人下午五点下班，85%的澳大利亚人居住在距离海边 50 公里以内的地方，所以如果他们愿意的话，每天都可以到这个国家的 10 000 个迷人海滩中的一个去冲浪。这里有足够的空间，全国每平方公里只有三个人，大多数人的大多数时间都在户外度过。

谢里丹说："好天气让你想要待在外面，而且你不想一个人待着，所以它营造了一个良好的社交环境。"友谊对澳大利亚人来说也非常重要。根据经合组织的数据，94%的澳大利亚人表示，他们知道在需要的时候可以寻求谁的帮助。"在澳大利亚，我们的人际关系很牢靠，但这来得比较容易，"谢里丹告诉我，"所以如果有人不想和我做朋友，我会感到被冒犯，就像是说：'你是有什么毛病吧？'"这太有意思了，跟英国人和丹麦人的交友方式太不一样了，在英国和丹麦，你们要么得由至少两个家庭成员正式介绍，要么已经同学多年，或是在推特上打过交道。本还说他们国家的人很愿意通过面对面互动来交朋友。

　　"在澳大利亚，你会在咖啡师给你做咖啡时和他们聊天，他们可能会问你：'想去喝杯啤酒吗？'"你真的会去？我对这种社交信心满腹狐疑。"会啊。"不只是因为对方是辣妹，你对她有好感？我认识本才一个月，但这么问似乎也不过分。"对啊……"他说，然后修正道："70%的时候是这样吧。但即便如此，我们澳大利亚人一般都有很多共同语言，你知道反正可以跟别人谈论体育、咖啡或海滩……"谢里丹也和本一样，颇为自然地说："我们跟谁都聊，理发师、咖啡师、仓库工人，你与他们建立私交。如果有联系的话，再进一步也并不奇怪。"利兹只需在乘公交车时坐到某个人旁边就能交到一辈子的朋友（而且他们都因此变得更好，她可是一个很好的朋友）。对澳大利亚人来说，友谊就像 no worries，是怀着慷慨之心去获得的，而且不会因为自由地散播而减少一分真诚。我觉得这一定是一种相当可爱的生活方式：走在人生路上，相信你遇到的每个人都等着成为你的朋友。友好悠闲的态度、对户外和阳光的热爱以及坚信所有人都应当拥有公平机会的狂热信仰，有了这些，你还有理由不开心吗？向前走吧，成为公正的人，成为别人的朋友，努力去做每件事。记住：我们不是来这里搞蜘蛛的。

# 如何采取 fair go 的生活方式
# 并养成 no worries 的心态

## 1.

让你遇到的每个人都拥有一次 fair go，不论他们是可能和你交朋友的人，还是总弄坏打印机的办公室实习生，或是你的咖啡师。

## 2.

做任何事情时都尽力而为。勤奋不容小觑，而热忱则是最具吸引力的人类品质。

## 3.

记住你的好运。我们或许并不都生活在"幸运的国度"，但我们都拥有可以感恩的事物。

## 4.

如果你要面对痛苦的一天，想想明天这个时候一切就好了。No worries. 毕竟担心有啥用呢？

## 5.

太阳出来了，卷起袖子，亮出你的胳膊来。或者至少露个脸吧。当然得先涂好 SPF50 的防晒霜。闭上眼睛，扬起下巴，体会温暖的阳光照射到皮肤上的感觉。你会瞬间感到一切都会好起来……

**不丹**

一

# Gross National Happiness

## "国民幸福总值"

# Gross National Happiness
## "国民幸福总值"

　　国民幸福总值，缩写为 GNH，是指导不丹政府及其人民的一种哲学，它主张集体幸福与福祉优先于经济利益。尽管不丹人早就不太正式地实践着这一观念，这个词实际上诞生于 1972 年，当时吉格梅·辛格·旺楚克国王告诉《金融时报》记者："国民幸福总值比国民生产总值更重要。"从那时起，不丹一直主张将其公民的精神健康、身体健康、社会环境及自然环境健康作为衡量"繁荣"的标准，并拥护与之相关的政策。

# 一

## 不丹

空气清冽，天空广阔，高山之巅直冲云霄，消失在云端。尽管奶牛还自由穿梭在大街上，喜马拉雅山山脚下这个人口仅有 85.7 万（2021年）的小国一直在悄然改变这个世界。

1962 年以前，不丹还没有公路、学校、医院，没有统一发行的国家货币，后来，人称"现代不丹之父"的第三任国王吉格梅·多吉·旺楚克开始更新基础设施。他逝世后，王位传给了儿子。第四任国王吉格梅·辛格·旺楚克十几岁就穿上了他父亲的靴子[1]，从此继承衣钵，用特别的"不丹"风格带领他的国家走入现代化进程。

不丹在公元 700 年左右便开始推广佛教，一直以来主张幸福、康乐和业力[2]很重要。帕桑说："不丹人的同理心和利他主义与那些山脉一样古老。"他是我朋友的朋友，来自帕罗，不丹唯一的国际机场便修建在这个镇上。对于大多数不丹人而言，ga-kyid 一词至关重要。ga代表"幸福"，kyid 意为"和平"，但正如帕桑所说："这个概念超越了字面意义，它涵盖了精神、环境、社会和经济等方面的康乐福祉。"

---

1 不丹的这种传统靴子由丝绸和皮革制成，并饰以刺绣等手工艺术，十分神圣。靴子的颜色和装饰标志着穿着者的身份和地位。
2 佛教名词，称身、口、意三方面的活动为业，认为业发生后不会消除，将产生今世或来世的善恶报应。

有两句古老的谚语生动地说明了不丹人最看重的事:"没有通向幸福的路,幸福就是路本身",以及"幸福建立在信任之上,而信任是免费的"。不丹一直带着这种信念充满活力地独自前进。同时,诸如医院、学校和马路等新奇事物的出现也帮助它向前发展。

当旺楚克四世1972年上台时,他希望能延续父亲这位现代化先驱的工作,但他观察到其他国家的消费主义陷阱和随之而来的麻烦,他对此不那么热衷。他也看到了别的国家的前进方向,但并不喜欢。不过,他没有将自己的王国与外界的影响隔离开来,只是避免以牺牲人类福祉为代价不断追求冷冰冰的金钱,然后在新与旧之间寻找平衡。

次旺说:"通过命名GNH,旺楚克四世正式建立了不丹人民多年来一直经营的理想和信仰体系。"他是我的一个熟人,来自不丹首都廷布。"这确保了过去生活方式的优越性并没有因为现代技术的侵蚀而消失。"这个国家在20世纪90年代末拥有了电视和互联网,甚至还享有摔角狂热大赛、印度肥皂剧和备受欢迎的奇巧巧克力所带来的乐趣,但传统观念依旧存在。2006年,旺楚克四世在他最受欢迎的时候退位了,为了实现自己的幸福梦想去了一个树屋里生活(原因很显然了)。他让他的儿子吉格梅·凯萨尔·纳姆耶尔·旺楚克来试试。新国王旺楚克五世的统治完成了国家民主化进程。2008年,不丹宪法将GNH制定为政府官方目标,而与此同时,世界上的其他国家正在分崩离析。

各个发达国家面临着日益严重的不平等状况、环境危机和银行业崩溃，不丹提供的特殊方法开始得到一些关注。2011 年，时任联合国秘书长的潘基文敦促联合国成员国效仿不丹，衡量一下各国幸福和康乐的水平，将幸福当作"人类的基本目标"。次年，联合国秘书长会见了不丹总理吉格梅·廷利，他们一同商讨策略，并且制定了战略，鼓励将不丹的 GNH 指数推广到其他地方，提高全球福祉水平，因为事实上它的确很有效。

医疗保健和教育如今在不丹都得到了免费普及，因为它们是 GNH 计划优先考虑的内容。这使不丹人的人均寿命延长了一倍，所有不丹儿童也都可以念小学。"孩子们在学校学习 GNH 的概念，这是主流议程的一部分，"次旺说，"但这不仅关乎学业，它对于普通人也很重要。"每隔两年，政府智囊团就会开展一项研究，调查所有不丹人的生活和幸福状况。接下来，GNH 委员会将根据幸福生活的九个关键指标来衡量人们的幸福和福祉，这些指标分别是：心理健康、身体健康、时间使用、教育、文化多样性及弹性、政府管理水平、社区活力、生活水平和生态多样性。生态在不丹很重要。

无论经济收益如何，所有的商业及政府举措都得通过 GNH 的标准筛选，看它们对整体的环境和社会有何影响。根据幸福研究所的数据，可持续性与幸福感之间存在着明显关联，而欧洲社会调查发现，关心环境的人幸福感更强。保护环境当然让次旺很高兴，这也是刚来这儿的人经常谈到的。次旺说："游客说他们从未在其他地方见过这样茂密的森林、这样原始的景观，而这就是 **GNH** 的一部分。"不丹是唯一将"可持续性"置于政治议程核心、承诺维持二氧化碳"零排放"的环保形式、确保国土永远至少拥有 60% 森林覆盖率（目前约为70%）的发展中国家。这个国家的林木如此茂盛，孟加拉虎都要从印度逃往不丹去了，因为它们原来的栖息地被摧毁了。不丹现已禁止木材出口，每月还有禁止私家车上街的"行人日"。次旺告诉我，不丹拒绝了加入世界贸易组织的机会，因为入会的前提是必须违背 GNH 环境目标原则开放不丹的森林和其他自然资源。不丹还以国民的腰围为理由拒绝了麦当劳及其投资。他承认："不过我们仍然拥有奇巧巧克力。"不丹政府为了"有机 2020 年"已尽量减少了不健康商品的进口并鼓励人们培养健康的饮食习惯。

"这是个过程，"次旺告诉我，"人们需要经历一些不健康的事件循环才能目睹和体会一些事情。如果由别人来告诉他们应该做什么，他们会不高兴的。"GNH 的目标就是为每个人带来幸福。次旺说："我们这里不是个人主义的社会，在不丹，一切都是共同完成的，我们不像某些文化那样把隐私看得那样重。在不丹没有'隐私'！"但是，另一方面，这儿也没什么孤独感。"你们可能二十个人共用一个房间，然后另外还有二十个人跟你们一起坐下来吃早餐，"次旺说道，并坦言，"我喜欢这种方式，这就是我们分享有限资源的方式，这是真正的集体的感觉。分享就是爱。"

不丹并不是天堂，每一天的生活对许多人来说都很艰难，恶劣的环境对工作的体力要求又很高。男人和女人在不丹社会仍然扮演着截然不同的角色，高地的游牧民族仍然践行着一夫多妻制，女人负责带孩子和牧牛。这在我看来蛮辛苦的。

现代性也不是没有带来挑战。次旺承认技术造成了混乱，这是由于 20 世纪 90 年代有了电视（瞧瞧摔角狂热大赛），人们开始偏好使用英语或宗卡语（不丹国语），因此，不丹六十几种来自零零散散群体的方言开始消亡，不过，微信（中国的短信及社交媒体应用软件）等技术也帮助复兴了一些方言，出现了一些在线的分享学习群。某些群体中缺乏阅读或写作技能的人现在可以通过视频聊天互相交谈。不丹的教育部部长和总理鼓励学校开设 STEM（科学、技术、工程、数学）课程，孩子们也开始学习组装自己的计算机和无人机了。"我们甚至有自己的麻省理工学院实验室。"次旺自豪地补充道。

GNH 还致力于发扬不丹文化中的优良传统。"如果你生病了，你可以选择接受传统的不丹医学系统或常规医学系统治疗，甚至在医院里也是如此。"次旺告诉我。西方医学只治疗疾病,而传统的不丹医学系统是对人进行整体性的治疗。"所以同时拥有这两种医学体系是很好的。"次旺和许多不丹人都这么看。有时候也很难将新事物与传统结合起来。"我们国家正处在十字路口,旧思想和现代思想发生碰撞,"次旺说,"我们需要想想自己从哪儿来,要到哪儿去。而且我们必须对人类其他同胞抱有同理心。"帕桑也提到了同理心,我很好奇它是否也属于 GNH 的范畴。次旺对我说,同理心的确不可或缺:"GNH 非常推崇同理心,它是 GNH 的一部分。"因为没有人知道别人的生活里发生了什么,"所以我们都需要提升同理心"。

次旺和帕桑向我描述 GNH 的时候,就好像这没什么值得骄傲的:不丹人并不夸耀他们的幸福,他们说自己致力于获得幸福。帕桑说:"佛教说我们这一世都在旅途之中,无论此时此地做什么——无论好坏——都将影响我们现世的未来和我们的来世。"他告诉我,大多数不丹人都认为,有些人过着无忧无虑的生活且拥有大量财富,是因为他们得到了前世的回报——反之亦然。因为有"业"这个东西。"如果你偷窃或撒谎,并且如果你请得起昂贵的律师,惯例法对你其实毫无约束力,"次旺说,"但你永远不会从'业'中获得安宁。"

这使得业报轮回的体系比任何传统赏罚方式更简单、更先进。业报还提醒人们,他们的现世是短暂的。帕桑说:"在不丹,你看到很多死亡和痛苦，但你最终会与之和解。""业"会消除刺痛感。不丹人不畏惧死亡，火葬场就位于社区的中心位置，仿佛提醒人们思考现世的无常。"如果有人死了，你在几公里之外就能知道，"次旺说，"你能看到熔炉里冒出来的烟雾，孩子们指着它，奔走相告，所以业报的轮回一直存在于不丹人的思想中。"不丹的寺庙也鼓励信徒俯身朝拜，"放下自我"，这样就能为知识和灵感腾出位置。

不丹的地貌也让当地人保持谦逊，因为巨大的山脉使凡夫俗子相形见绌，并且一直给人一种"我们人类微不足道"的感觉——人类只是整个不可预测的世界中无数物种的一小部分。"我们的最终目标是与自然共存，"次旺说，"我们相信所有动物都是我们存在于其他世代中的兄弟姐妹、子女或父母，所以我们要关照它们。"不丹有一句俗语："这个星球不是我们从祖先那里继承的，而是从我们的后代那里借来的。"这是一种非同寻常的看待世界的方式，我们所有人都应当学习。

# 如何按照 GNH 的理念生活

## 1.

提升你的同理心：下次你对一位同事感到失望，或者因为亲人没有把内裤放进脏衣篓而准备朝他扔袜子（比如生气地对他说："叫你把它扔进篓子里，不是扔到旁边，是扔进去！"）时，想想他们也有自己正在做的事情，可能不是故意要惹恼你的。

## 2.

放下自我。如果你不做任何预设，愿意从遇到的每个人和每件事那里获得人生经验，会怎么样呢？一直以来，你的狗 / 公交车售票员 / 令人沮丧的同事是否试图想告诉你点儿什么？

## 3.

尽量用可持续的方式生活。从今天开始爱护大自然，也爱护自己，为了大自然和你自己的明天努力奋斗。

## 4.

优先考虑幸福而不是金钱。来自旧金山州立大学的研究人员已经证明，比起积累财富和购买我们不需要的物品，不同寻常的经历会让我们更快乐。

## 5.

记住：没有通向幸福的路，幸福就是路本身。这旅程本如此，那么就去好好游历吧。

# 巴西

—

# Saudade

# "忧郁"

# Saudade
## "忧郁"

名词，指一种渴望、忧郁，或对曾经的幸福——乃至你渴望但不曾得到的幸福——的缅怀之情。这个词语最初记载于 13 世纪一本名为《阿茹达歌集》[1] 的诗集中。15 世纪时，saudade 开始流行，当时的葡萄牙船只远航至非洲和亚洲，留在家乡的人因为亲友的离去感到痛失所爱。16 世纪，葡萄牙人殖民了巴西，定居在那里的人用这个词纪念他们离开的家园。现在人们认为这个词语代表了葡萄牙和巴西两国的气质特征。

---

1 这本诗集收录了加利西亚语和葡萄牙语诗歌，现保存在位于里斯本的阿茹达国家宫殿图书馆中。

# 巴西

巴西这个拥有狂欢节、足球和坚果的国家也有一个词语表示"幸福的缺位"。这个词如此优美，以至于给使用者带来某种扭曲的喜悦。saudade 代表了一种在人类经验中至关重要的感觉，使它可以名正言顺地被归入此书，因为就像哲学家克尔恺郭尔写的那样："忧郁和悲伤中藏着全乐。"多年来，科学家们也一直同意克尔恺郭尔的说法，新南威尔士大学的研究人员发现，悲伤有助于人们加强对细节的关注，锻炼毅力，变得更为慷慨。在忧郁的时刻，我们大多数人都会经历苦乐参半的有趣体验：回忆，翻阅旧照片，关心身边的人或事物并且在失去时想念他们。彻底避免悲伤和后悔的唯一方法就是逃避生活本身，但只有经历过黑暗的人才会珍惜光明。这就是 saudade 很重要的原因。

saudade 最初便关联着葡萄牙帝国的兴衰。它一开始用来表达对出发远行的人惜别之哀情，因为留下来的人感到生活从此缺失了什么。saudade 在巴西的统治地位则有赖于新来到陌生土地的人（他们往往不是自愿来的）而不是那些被留下的人。葡萄牙人把巴西打造得如同他们自己的家一样，以至于巴西成为南美洲唯一讲葡萄牙语的国家。换句话说，到处都是 saudade。

saudade 通常表示你所怀念的事物永远不在了。17 世纪葡萄牙作家曼努埃尔·德梅洛说，saudade 是"你被折磨的快乐、是你享受的病痛"。多年来，它激发了众多艺术家的灵感，一大堆 saudade 经典意象应运而生，例如一位父亲日日苦守大海，不知儿子是否还会回来；一袭黑衣的寡妇在船难中失去了至爱；一个孩子因父亲被驱逐出境而从小无依无靠。我们知道，这些情节通常相当卖座。

"它是你对心爱的却不再拥有的人或事物的渴望，无论是食物、天气，还是你生活过的地方，或是某个人。"来自东北部福塔莱萨的丹妮尔这么告诉我。如今，巴西和葡萄牙都柔情蜜意地争相表达对 saudade 的专属权，但就其使用范围和让人们忍受的程度而言，巴西赢得了胜利。巴西人口大多由葡萄牙移民和非洲奴隶（其中大部分是班图人和西非人）组成，因此巴西的历史是混乱而痛苦的。即使 19 世纪奴隶制度被取缔，许多人仍然出于经济的考虑而被迫离开家园及其所爱的人。

数百年的情感剥夺使 saudade 成为巴西人精神的核心，以至于官方还为它设立了正式的日子。每年的 1 月 30 日是"saudade 日"，这一天随处可以听到缅怀过去的音乐，听到诗歌和故事，它们描述了这种情感，与触发这种情感的人和地方有关。

"它是'我爱你''我想你'，但比这更宏大；它就是一切，"丹妮尔说，"对我而言，saudade 是萦绕不去的关于某些人或事的记忆，你非常庆幸那曾是你生命的一部分。你可能会因为失去他们而悲伤，但你一想到曾经拥有过就感到非常快乐。"saudade 也可以用来描述对依然存在、你却不能再拥有的事物的思念，比如奥帕尔水果糖或者"那个离开了的人"。想象一下如果你与初恋终成眷属。想象你和他一起生活。很奇怪，对吧？有点像"薛定谔的配偶"，这段关系可能进行得很顺利，也可能不会。那种令你兴奋陶醉、消耗你的一切、使你为某人心痛得就像要坠出窗外的欲望，也许就无法永远持续。对吧？如果你现在再找到他，可能就不会再有曾经那样的火花了。他可能不再是曾经的那个人，反正你也已经不是曾经的你了。或许离开彼此是最好的结果。同样，所有那些 saudade 的旧画面里的码头寡妇也许突然发现丈夫还活着，可能回来之后变了一个人，也可能已经遇到了别人。水手可能会回家，但心爱的人大概已经另寻怀抱，生病的父母可能已经离世，生活的小镇也可能有所变化，最终他也许会觉得不久前他在海上怀念的一切都与他失之交臂。saudade 里存在一种矛盾（或者更确切地说是一种复杂性）以及一种观念，即有时不得不失去，但也无妨。

心理学家一致认同这种思维模式有它的好处。承认"悲伤是现实的一部分"和相信"即便不如意也没关系"是健康的；它帮助我们接受这样一个事实：生活中，某种程度的痛苦是正常的，我们将渡过难关。这并不代表我们在意的事物更少了——我们可以哀悼和体验完整的 saudade，然后继续每一天的生活。有了 saudade，我们可以消化情绪——难怪它多年来一直是许多艺术家的缪斯。音乐家们也从 saudade 那里获取灵感，它还启发了乔安·吉尔巴托、费尼希邬斯·迪摩赖斯和汤姆·乔宾等波萨诺瓦[1]作曲家，乔宾创作了如今闻名遐迩的《乡愁》。这首歌在丹妮尔的心中占有特殊地位，她告诉我："我丈夫追我的时候就为我弹奏了这首歌。"它颇为奏效，她现在已有七个月的身孕了。"这首歌很忧郁，"我们一边在 YouTube 上听这首歌，她一边这么告诉我，"但这是一种令人愉快的忧郁。这跟那种非常'向上'，有时甚至积极过头的巴西狂欢精神互相平衡。"

　　saudade 被描述为"不在场的在场"（有点像欲望），而且"你可以身处千万人之中，但其中任何人都不是你期待能陪伴着你的人"，这是丹妮尔的定义。但它并不代表自怨自艾，丹妮尔说："saudade 指的是那样一种时刻，你发现生命中的人和你原以为理所当然的生活对你来说竟然那么重要。"因此，saudade 让你感激你所拥有的事物，并且认识到它们随时可能消失。这是一种已经存在了千年的快乐之道，斯多葛哲学家塞内卡建议我们时常想象一下失去目前的一切会是什么感

---

1　以冷爵士为基础，融入非洲和拉丁美洲风格音乐元素的慢板抒情拉美音乐。

觉——这样我们才会珍惜今日拥有的东西。然而不知何故，我们这些外人已经忘记了这条有用的教导，负面的情绪和想法（甚至是那些可能最终对我们有益的部分）往往被推倒和掩埋在"忙得不可开交"或"今天早上咖啡喝少了"的情绪下，但葡萄牙人或巴西人就不会这样。"saudade 让我们的感受更加深刻，"丹妮尔说，"无论体验的是悲伤还是喜悦，它提醒我们要庆幸现在所拥有的一切。所以我们随时准备着去跳舞、去爱，也随时准备迎接我们的所爱。"

热情好客的品质在巴西的重要性仅次于神性。丹妮尔告诉我，她的亲戚每天在家用吸尘器打扫两次卫生以备有客来访。"我们每个星期都会和朋友见面。至少是这个频率。然后我有大约一百万个堂兄弟吧……"她告诉我，"所以我们总是准备好多余的食物，以便随时邀请他们一同用餐。"巴西人打开门的第一句话通常是："你吃过了吗？"在这个狂欢节的国度，其民族性格中的热烈程度并不令人惊讶。也有气候的因素：在丹妮尔的故乡，一年中大部分时间气温都在 30 摄氏度以上，"除了 27 摄氏度的冬天……"她说。他们也非常热衷于身体接触。我最喜欢的另一个葡萄牙语单词是 cafuné——某人以充满爱意的方式抚摸你的头发或脑袋，就像按摩（"我们巴西人是 cafuné 的死忠粉"），以及 aconchego，"温度"，意思是被某人拥抱或欢迎。"我们总是在触摸彼此，也总是公开流露感情。"丹妮尔一边说着一边做出拥抱自己的姿势。据神经学家称，身体接触会释放催产素，即"爱的荷尔蒙"，它能增进幸福感，是治疗孤独症的最佳方法。但丹妮尔说，还有别的东西："我们也比其他地方的人更自在地享受愉悦的心情。"的确，甚至还有狂欢节式的词语 desbundar，意思是"无拘无束地享受快乐"。

嘉年华季从 1 月份就开始了，里约热内卢的嘉年华最为盛大。"但实际上到处都有。"丹妮尔告诉我。她补充说人们都是大白天到街上跳舞。清醒着跳？"大部分是吧！"哇噢。跳舞不仅释放内啡肽（通常与一般运动所产生的相同），赫特福德大学的研究表明，它还可以增强自尊心。"在巴西，我们这样披头散发地宣泄情感，就能得到放松。"丹妮尔告诉我，"这和 saudade 一样，是一种应对方式。对许多人而言，遇到某些问题时，只有这样才能生存下去，例如与政府对抗的时候。"政治腐败在巴西很普遍。"人们的工作时间很长，社会极不公平，失业率居高不下，所以我们很早就学会了知足常乐。"丹妮尔告诉我。尽可能多地与家人和朋友见面才是最要紧的。当他们不在身边时，想念他们则是表达对他们的敬意和宣泄我们的情感（不论好的还是坏的）的方式。

我喜欢这种观念：同等地珍惜过去和现在的幸福。saudade 就像一封写给失落感的情书，是维持现状时所必要的一种放松，是对我们关心的人以及我们的希望和梦想的承认，无论它们最终能否如我们所愿。我想念我的祖父。我想念一位已经与我渐行渐远、无法再像从前那样亲密的老友。两者都使我疼痛。但我很感激他们曾经存在于我生命中的那些时光。现在我非常想去为他们哭一场。然后，也许，我会想跳一支舞……

# 如何体验 saudade

### 1.

聆听《乡愁》，让自己进入那种心境。可以用唱片机播放，这样能获得更多的怀旧感。

### 2.

去社交网站上找找与你久不联络的那位朋友的老照片，或者搜索一下你依旧深情怀念、不禁希望仍陪伴着你的那位前任。别克制随之而来的感情，干脆屈从于那样的渴望与回忆。

### 3.

花时间想想那些你曾经爱过却失去的人，也努力对还在身边的人更加感恩。

### 4.

给自己一整天的时间来庆祝 saudade——巴西人在 1 月 30 日这样做，但你可以随便选择一个适合你的日子。看看老电影，听听让你想起过去的音乐，翻出你的旧情书（如果是千禧一代的话，那就翻翻电子邮件或短信吧）。

加拿大

一

Joie de vivre

"活着的快乐"

# Joie de vivre
## "活着的快乐"

　　活着的快乐。这则短语用来表示对生活热情达观的享受。17世纪晚期，法国人开始使用它。爱弥尔·左拉在1883年的小说《生的快乐》中用过，从那之后，它在法语世界里发展成为一种接近世俗宗教的东西，但最珍视这个概念的是加拿大人，他们甚至用它来描述自己的民族性格。

# 加拿大

噢，加拿大！驼鹿、枫糖浆、我婆婆和贾斯汀·特鲁多的祖国：我们向你致敬。不只是为了你的熊、海狸、骑在马上的警察和我婆婆（虽然，肯定包括他们……），还为了你无懈可击的 joie de vivre。作为美国的邻居，加拿大这个拥有 900 多万平方公里土地和 3 600 万人口的国家更具社会自由度，它在北边坐拥广袤地界及"和蔼可亲"的声誉。而且，自 2012 年《联合国全球幸福报告》首次出版以来，加拿大一直跻身全球最幸福的十大国家之列，这大大得益于 joie de vivre。

"我们生活的方方面面都很幸福。"梅拉妮说。她来自蒙特利尔，是我朋友的朋友。"我们这儿有美食、好友，四季如春，而 joie de vivre 在加拿大是最常用来描绘幸福的词。"joie de vivre 在魁北克省特别普遍。根据《加拿大公共政策》期刊上发表的一项研究，这个法语省是加拿大官方认定最幸福的地区。魁北克人特别幸福，以至于如果魁北克省单独是一个国家的话，它在国际上的生活满意度排名将仅次于丹麦。"这是因为我们是法国人，"梅拉妮告诉我，"但我们不是法国的法国人。"这是一个重要区别。

我要坦白：尽管大多数我所认识的法国的法国人各有各的精彩，

但他们并不像电影《天使爱美丽》里面的主角那样。事实上，我见过的唯一一个像"天使爱美丽"的法国人就叫爱美丽，而且她把自己描述为"有史以来最不像法国人的法国人"。尽管我是法国的忠实粉丝，并且每年都在法国工作或度假，我却不禁发现许多像塞尔日·甘斯布[1]这样的人多少有些沉闷悲观（还有哪个国家会将性高潮称为"一次小死亡"吗？）。正如一个加拿大朋友所说的那样："魁北克到处都是对法国来说过于快乐的法国人……"因此，当谈到 joie de vivre 时，加拿大狄胜（个好意思啰）。

这其中的首要原因就是加拿大良好的基础架构。加拿大的高税收制度负责重新分配财富，由此减少不平等现象，拨款给免费医保，提供高质量教育，以及一张能在你摔倒时兜住你的社会安全网。这里的宗教宽容很普遍，而且加拿大是第一个将同性婚姻合法化的非欧洲国家。它优待女性，准予她们体面的育儿假，贾斯汀·特鲁多上台时就以其主张性别平等的内阁而闻名，"因为现在都 2015 年了"。

"加拿大也是一个非常安全的居住地，"梅拉妮说，"我们的犯罪率很低，枪支管控严格，所以我们知道外出办事的时候不会挨枪子儿。"对于很多人来说，这似乎无关紧要，人们把这视为理所当然。但是在

---

1 法国的演员、歌手、诗人。

美国边上，普通家庭不持枪是一条不同寻常的加分项。"我们加拿大人不感觉恐惧，"梅拉妮说，"这意味着我们可以更享受生活。"布拉德也同意这一点。他是我一个朋友的同事，来自蒙特利尔。他说："我可以凌晨 3 点放心地到处闲逛，而且我都想不起上一次看到有人发脾气是什么时候了。公共场合里的对抗和愤怒几乎闻所未闻。"

关键就在于多元化倾向。加拿大长期以来一直强调包容性。2015年，贾斯汀·特鲁多亲自前往机场迎接叙利亚难民，为他们分发温暖的冬季外套（我爱他。你们发现了吗？）。多元文化经常被认为是加拿大最大的成就之一，加拿大人的一个显著特征便是具备欣赏差异的能力。"我们不像美国人那样强调个人主义，"梅拉妮说，"团结友爱对我们很重要，所以我们希望每个人都感到受欢迎。"位于蒙特利尔的麦吉尔大学的研究人员发现，如果人们自觉是某个社群的成员，他们的生活满意度往往更高。与"大熔炉"模式不同，加拿大鼓励少数民族保持自己的身份独特性。"我们是'文化马赛克'，"梅拉妮说，"对于大多数加拿大人而言，处在一个多元化社会中是很好的事情，这能增进我们的 joie de vivre。"

出生于渥太华的哲学家约翰·拉尔斯顿·索尔将加拿大描绘成一个身份柔韧多变的"柔软"国家，它不同于其他实际非常脆弱的父权制身份的国家（哦，嗨，就是你啊美国！）。他认为，加拿大人的思维方式受原住民的平等观念以及"谈判优先于暴力"的偏好（即对冲突的憎恶）影响。加拿大人在很大程度上拥抱（而不是破坏）原住民的价值观。当然，其中仍然存在挑战，而且就像加拿大歌手艾薇儿所唱的那样，事情很"复杂"。特鲁多因为批准在原住民的土地和捕鱼区修建石油管道而遭受谴责，尽管许多原住民已经对此表示同意。如今，加拿大领土内有 634 个得到承认的原住民政府，而且由于大规模的移民，加拿大现在是世界上种族最为多元的多文化国家之一。"大多数加拿大人认为这是好事，"梅拉妮说，"因为我们会从各种不同的想法和意见中受益。"从商业角度来看也是如此。加拿大能全力避开 2008年的金融危机，正是因为它多元的银行体系使其更加强健。

布拉德说："加拿大与世界其他地区相比有一个很大的区别，即当你遇到麻烦时，人们非常愿意提供帮助。"他解释说，强烈的社群意识与个人主义相结合就会产生高度信任感，"而且不会牺牲个人隐私"。所以，加拿大人会帮你开门；在你看上去像是迷路的时候为你提供帮助；在你需要的时候伸出援手，同时还保持着愉快的热情。他们还礼貌得让人牙疼。过去这一年，我丈夫每次碰到我们的一个加拿大朋友都要跟人家把同样的一件事说一遍。我们的孩子上同一所幼儿园，我们两家相隔十分钟的路程，那朋友的妻子和我都超级喜欢卡瓦酒，而且都在（笨拙地）学习划桨。因此，我们经常见面。然而，加拿大先生太有礼貌了，他从未打断过我丈夫，也不会大喊："够了够了！我知道你说的那次，天太冷，把峡湾都给冻住了！我们每次见面你都要说！而且，我们的孩子去同一所幼儿园，我们的房子仅仅相隔十分钟路程，而我们的老婆都喜欢卡瓦酒、热衷学习划桨（超笨拙地），你讲的次数真是相当频繁了！"相反，他总是微笑着，半信半疑地抬起眉毛，非常热情地说这个故事真是"令人惊叹"。回回如此。

"我们是很有礼貌的，"梅拉妮说，"所以我们可能不愿在一些小事上批评你，而是更乐意和睦共处，享受美好时光。"记住了。"享受美好时光"是魁北克人很擅长的事情。"你总是能在公司晚宴上认出哪些人是魁北克人，因为他们喝酒的时候会提高音量，"梅拉妮说，"我猜这是因为我们身体里的欧洲基因！我们完全知道如何享受生活。"研究魁北克人和其他地区加拿大人之间差异的研究人员发现，joie de vivre 是魁北克人最为看重的价值，但加拿大最大的民意调查和研究组织的数据显示，这一条在加拿大其他地区的价值排行榜上仅名列第四位。"我们喜欢参加派对，从聚会中享受到诸多乐趣，"梅拉妮说，"我们经常出去玩，哪怕我们有孩子或者工作很忙。我们充分享用周围各种各样超赞的餐厅和美食，夏天还要去参加演出和盛会。"蒙特利尔被称为"会演之城"，每年有八十多场活动，包括喜剧表演、爵士乐、烟花、赏花和电影节等。参加团体活动和定期庆典有助于增进身体健康，会促生一种归属感，这两者都极大地影响了加拿大人关于幸福和 joie de vivre 的观念。

"我们也喜欢户外活动，"梅拉妮说，"四季分明使我们有条件开展各种活动，比如滑雪、徒步和骑行。这有利于创造健康快乐的生活。"根据哈佛大学的研究，户外活动不仅可以释放内啡肽，对我们的心理健康也有好处。joie de vivre 的一个典型范例就是欣赏我们周围的自然世界。

加拿大还有一些运动机构帮助人们心跳加速——没有什么能比一颗好冰球让他们感觉更刺激了。冰球运动是在蒙特利尔市发展起来的。1875 年，那里举行了第一场室内比赛，加拿大人从此一发不可收拾。当我问及这个国家级的刻板印象时，梅拉妮承认道："我们确实喜欢冰球。"人们对这项运动的热情之高，以至于航班有时会被推迟到重要比赛结束之后，因为乘客们不在电视里看到谁赢了是不会登机的。无论你支持哪支球队，这好比一种黏合剂，能为人们提供重要谈资，而且只要提到那个 h 开头的词 [1] 就足以让大多数加拿大人的脸上笑容洋溢。另一种可以被勉强称为"运动"的国家级痴迷项目是在独木舟上嘿咻。"加拿大人知道如何在独木舟上做'那事儿'。"这句话来自加拿大已

---

1　冰球的英文是 hockey。

故作家、社会评论家皮埃尔·伯顿[1]。尽管关于究竟多少加拿大人真的在船里发生过性行为的统计数据为零，但它显然是许多人遗愿清单上的第一条。所以呢，加拿大人是暗地里寻求刺激的人，同时又很有礼貌、很包容，还拥有贾斯汀·特鲁多。是的，他们拥有的太多了。

住在魁北克让布拉德"太高兴了"，他告诉我他最近可不打算搬离他的加拿大"安乐窝"。布拉德这人知道自己想要什么：他努力工作、努力玩耍，很会平衡工作和生活，他的电子邮件签名让我们其余这些想要平衡工作与生活的人恨不得立即采用。上面写道：

*祝好，布拉德*

*（请注意，我仅在工作日的中午 12:30 和下午 6:00 查看电子邮件）*

我们都需要更像布拉德一些，还要更好地善待彼此，更积极、更频繁地与我们所爱的人愉快相处，把他们放在第一位。"这些都是简单的事情，却能让我们更快乐，"梅拉妮说，"积极的、包容的心态是 *joie de vivre* 的全部意义所在。"没人知道我们死的那天会怎么样，所以我们都该努力在活着的时候获得尽可能多的快乐。就在现在。

---

1　加拿大最多产、最受欢迎的作家之一。

# 如何成为一个加拿大人并找到你的 *joie de vivre*

## 1.

请更礼貌一点。谢谢。

## 2.

……但在平衡工作与生活的时候要坚定立场（还要立即改改你的电子邮件签名）。

## 3.

到户外去，经常运动你的身体。提醒自己，人类多棒呀，自然世界多美妙呀。

## 4.

填满你的日程表。让加拿大人感到幸福的一方面就是与家人、朋友和同事的紧密联系。

## 5.

打开你的社交圈，欢迎新朋友，拥抱多样性——我们都能从丰富多样的声音中获益。

## 6.

还需要点儿更带劲的？谷歌搜索一下"贾斯汀·特鲁多竞选广告"，他在广告里打趣了自己的"加拿大政治发型"。我个人的秘诀是搜"贾斯汀·特鲁多文身"（啊不，脸红了……）。

中国
—
Xingfu
"幸福"

# Xingfu
## "幸福"

　　名词，"幸"的意思是"快乐的状态"，在普通话里是"幸运"之意，而"福"意味着你拥有的已足够，或者说生活中需要的都有了。不同于英文中的"快乐"一词，"幸福"并不是指一种好心情，而是指一种充足、可持续、有意义的美好生活。这个词起源于汉代（公元前 206 年至公元 220 年之间），这是中国的第二个帝制王朝。

# 一

## 中国

魏放下画笔，推了推鼻梁上的眼镜，然后站远了些仔细端详他的作品：极有控制力且精准地画在一堆白纸上的一系列浓黑粗线条。这种当代中国书法，被魏称作"线条作品"的东西，既美观又引人沉思。魏的"幸福"就是创造它们。"幸福是意义，也是目的——它比'快乐'这个词更深刻。"魏一边解释着，一边将手按在胸前，以防他的黑色中山领衬衣沾上墨汁。虽然许多文化里都有与"幸福"相关的表示快乐或短暂情感的词语，但是正如魏所说，幸福是"你的生活状态"。我们相遇的那天是一个下雨的星期一，在一个旧纺纱厂里，那里现在是我们市创意类型的工作空间。魏告诉我，他自己的幸福是从中国来到丹麦的设计学校，他现在在这里生活和工作。"我希望从事业当中获得创造性的成就，但我觉得在中国会迷失部分自我。"所以他选择了要交这么多税的丹麦？他笑道："幸福是无法通过物质实现的。"这么想还真是幸运。"当然，要想幸福还是需要一些钱，足以购买食物和支付房费就行。我还得买墨汁。"他指了指装满亮晶晶的黑漆的金属桶，我生怕踢倒它们。他说："但这是我可以实现自我意义的地方。"研究表明，目的感能让我们更快乐。伦敦大学学院的研究人员还发现，拥有意义感也可能延长我们的寿命。"幸福"是一个古老的概念，它代表一套独特的中国价值体系。为了从"幸福"的汉字本身来理解这个术语，我求助了专业的约翰，他来自深圳，是我朋友的同事。约翰会写传统的中国书法，他很善良，也有耐心，屈尊为我用门外汉的话来解释"幸福"的汉字构成。他告诉我："它本质上就是一种折磨。"

好吧，约翰，放轻松一点！

我们都时常会有这种感觉啊……但约翰说的是字面意思："'幸'的汉字代表折磨，或者某种刑罚，是一种可以放在头部、颈部或脚部的装置。"好家伙。"这里的逻辑是，如果一个皇帝或有权势的人赦免你，让你免除这种折磨，那你就是幸运的。所以呢，现代普通话中的'幸'意味着'好运'。"

"福"的汉字由三个图像组成。"左边是衣服，"约翰说，"右上方的图形是一张嘴，因此它代表食物。下面的图形是代表农田的方格。所以'福'表示只要你有足够的食物、衣服和农田，你就会过得不错。"然后这个得跟表示"逃避酷刑就很幸运"的字搭配使用……？"完全正确！"约翰很高兴我终于弄明白了。他说："所谓'幸福'就是拥有你需要的东西或者说生活必需品，再加上一点儿好运，因为有些事情是不受你掌控的。"

这是对幸福的"长远的看法"：有时会一切顺利，有时则不会，但重要的是总体而言最后会如何。长期幸福的概念与普通话里的其他词语例如"开心"或"快乐"相反,后两者指的是短暂的快乐或情绪高涨。"幸福"则不那么像坐过山车,更像是长达八年的艰苦跋涉,如果我们"有幸"的话。而且,虽然我们可以想象自己的幸福,但我们永远不能完全如愿地追逐它。"幸福不是一种可以去追求的东西,因为它不仅仅是外在的。"魏解释道。因此,尽管幸福需要通过基本的金钱(包括购买墨汁)以及与其他人的良好关系来维持,这里面也还有一些变量,例如欲望。魏说:"人们可能已经实现了他们的'目标',但他们仍然不认为自己生活得幸福,因为他们的欲望膨胀了。"或者,用约翰的话来说:"幸福就是用'你拥有的东西'除以'你所期望的东西'。"

让我们考虑一下该把这句话文在身上还是印在定制的 T 恤上吧。无论你倾向于写在哪儿,约翰说的话很在理:如果你是百万富翁,而你想成为亿万富翁,你就不会幸福。你的幸福包括合理的物质财富以及现实的期望,不过高也不过低。这就是为什么幸福必须"由内到外"地去获得,我们应当由衷地珍惜我们已经拥有的一切。

结合历史来看,你的幸福已经比较简单了,因为基本的收入水平保证了你能负担生活必需品,你还拥有可以思考、感受和沉思生命意义的闲暇时间。魏说:"典型的中国父母希望你吃得好,有志于从事稳定的工作，拥有完满的婚姻、孩子和房子。就这样。这就够了。"他告诉我，儒教、道教和佛教这三种传统思想影响了中国人的价值观和幸福观。

孔子（公元前551—前479年）是中国的教育家、政治家和哲学家，他强调人本主义，注重知识，认为人人都应培养大道为公的观念。相比之下，道教强调返璞归真，强调事物自然规律的重要性，强调阴和阳，认为世界是一系列对立互补的力量。而佛教，按照魏的说法，就是跟随佛陀的教导"结束轮回的痛苦并获得亲见生命真谛的智慧"。我告诉魏，伴随他们长大的东西还挺形而上学的。他严肃地点点头，忽然看上去很疲惫，好像古人所有的重量都压在他身上了。然后他扶了扶眼镜说："至少，在历史上是如此。"因为时代已经改变了。

"随着传统中国的衰退和新中国的崛起，很多人都希望成为最好的那一个，"魏说，"总是想要'更多'。"这没有为他们的"幸福"带来奇迹。"人们开始意识到一些重要的价值观遗失了，许多人的幸福在当代中国摇摇欲坠。"每当魏回到家乡，那个处于北京以北五个小时路程之外的地方，他看到朋友们为了获得"更多的东西"如此忙碌地工作，以至于忘了停下来思考什么能使他们感到满足。他说："他们没有思考过他们的人生目的。"夸张的通货膨胀，尤其是房地产价格的上涨，意味着拥有一个房子（也就是魏的父母所认为的完全正常的基本必需品、他们"幸福"的一部分）现在对很多人来说变得遥不可及（就像在其他国家的首都一样）。"在北京买房的成本非常高，"魏说，"所以你可能得为此奋斗一辈子。"但不是说就没有希望了。

对于许多人来说，成为有房一族太难了，于是他们开始回归一种更简单的生活方式。他说："这种情况发生得很慢，但中国对新思想的态度越来越开放。年轻人到世界各地旅行，看到世界其他地方是什么样子，也看见另一种不同的生活方式。"这在魏的眼中是一桩好事："可能又平衡回来了，中国的年轻人或许会重拾传统的价值观和他们的幸福。"来自上海的尤兰达告诉我，她从小到大所接受的关于"美好生活"的理念，就是她必须成为一名优秀的学生才有希望得到"一份体面的工作"，买房，成家，然后"变得幸福"，但对她的儿子而言，情况则不同。她说："他们这代人不想听父母或老师的指挥，而是更渴望挑战和表达。"这意味着下一代人更有能力追求他们的幸福，而不必在意父母或社会对他们的期望。千禧一代可能是目前为止最不追求物欲的一代，他们喜欢做的就是浏览 Instagram 和 Snapchat，窥探其他十亿人如何生活。或许，这些小雪花 [1] 就是我们的救星吧。

回到魏的工作室，我俩仔细端详他的最新作品：一连串巨大粗放

---

1　"雪花"是 2010 年代的一个俗语，用来形容那些过分地自认独特、自认应当享有许多（实际上不必要的）权利、非常情绪化、容易被冒犯、无力处理反对意见的人。这些特征比较显著地体现在年轻一代身上，作者用"雪花"指代尤兰达的儿子这代人。

的曲线，接续着有角的笔锋，全都连成一线，给人带来一种和谐的感觉。我问他，这幅作品是什么意思。他问道："你觉得它是什么意思？"我讨厌这样。我告诉他我喜欢自带说明标签的艺术作品，他告诉我他从不做标签。是的，魏就是这么"禅"。但在与他交谈并了解了"幸福"之后，我也感到异常安心。这一天，我处理了孩子们的呕吐事件，又因为咖啡跟我丈夫吵了一架，还摔碎了我的 iPhone 屏幕（首先声明，它无疑是在深圳制造的），很神奇，我依旧感到乐观。现在我正在研究一堆我看不懂的形状和图案，但它们让我感觉前所未有地接近内心的安宁。好像魏的一部分超乎寻常的平静已经通过他的作品传递给了我。我准备说再见时，魏又与我分享了一点佛陀的智慧："我们应当对已经拥有的事物感到高兴。我们应当慷慨、富有同情心、宽容、陶冶灵性，这样才能找到我们的意义和快乐。那就是幸福。"我终于长长地舒了一口气。

# 如何体验"幸福"

## 1.

学着像魏一样写写书法，或者画画、种点花花草草。做一些不需要理性思考的事情，用心去感受和体验。我们的左脑负责执行与逻辑有关的任务，而右脑则负责创意和艺术。今晚让你的左脑休息休息吧。

## 2.

找到你心中那个西藏僧人，让你的精神向上走，获得一些平静与判断力，保持一会儿心如止水的状态。

## 3.

当你准备再次切换到左脑模式的时候，思考一下你想要什么。不是你想要的东西，而是你想要什么样的生活。现在就写下开启你的旅程、获得你的幸福所需要的步骤吧。

# 哥斯达黎加

—

## Pura vida

## "纯粹的生活"

# Pura vida
## "纯粹的生活"

纯粹的生活，表示即便在你的周围发生了一些不开心的状况，你仍然保持达观和快乐。这是一个能定义哥斯达黎加以及哥斯达黎加人的短语。可以用作问候语（"嗨！你正在享受 pura vida 吗？"）；表示告别（"很高兴能见到你，pura vida！"）；表达赞赏（"那真是 pura vida！"），还可以被奉为生活的圭臬。1956 年，墨西哥同名电影引入了这个短语，电影在哥斯达黎加首映时，pura vida 便被当作了该国非正式的座右铭。

# 哥斯达黎加

海面平静得好像一面镜子。日落晚霞仿佛是涂抹上去的颜料。闪烁的白沙滩里穿梭着小小的螃蟹，小得可以放在你的指尖，各色花朵的香气飘荡在温暖的夏日微风中。这就是哥斯达黎加。这就是 pura vida。安娜说："正是这个地方，这幅画面，这种心态：它是纯粹的幸福。"她来自圣何塞，现在住在丹麦，就在我家附近。安娜目前的情况挺糟糕的（理论上如此……），但她在谈到祖国时，眼中仍闪烁着光芒。"pura vida 的意思是'一切都好'。"她对我说，接着继续描述上次回家的情形。总是阳光明媚，她感到好像有无尽的时间去享受生活。她告诉我，早晨在海滩上度过，喝着不可思议的好咖啡，下午去森林徒步，去找猴子、金刚鹦鹉、貘和树蛙。我决定举家搬迁到哥斯达黎加，立刻马上这么做。或者至少为写这本《幸福地图集》计划一次实地考察。还不止呢：我了解到，这个中美洲国家的物种密度是全世界最高的，拥有超过 500 000 种独特的植物和野生动物标本，政府已承诺划分四分之一的国土面积来做保护区，标本数量还会增加。哥斯达黎加人非常有生态觉醒意识，自 2015 年以来，他们 99% 的电力就是通过可再生能源生产的。

安娜说："我们也非常健康。"我告诉她，她再讲下去就是炫耀了，我还想知道她的家人是不是可以收养我。她告诉我："有太多新鲜食物了，而且我们总是在户外，所以大家都会游泳、冲浪或徒步，我们都很活跃。"正因为这些清爽的生活和锻炼，哥斯达黎加人比世界上很多富裕国家的人民更加健康。据说哥斯达黎加人处在"蓝色地带"。这是一个人类学概念，用来描述世界上人均寿命最长的地区以及那里的人们独特的生活方式和生活环境。哥斯达黎加人总是额外点一些羽衣甘蓝……"但说真的，我们这样做是因为如果你更健康，更好地照顾自己，你也会更幸福，"安娜说，"那就是 pura vida。"

他们还很聪明。哥斯达黎加人一直将教育放在首位，自 1869 年以来，他们便开始实行免费和强制性的学校教育。与包括英国在内的大多数其他经合组织国家相比，哥斯达黎加在教育和卫生方面的投入占其国内生产总值的比例更高。《哈佛商业评论》指出，终身学习使人拥有更健康的体魄甚至更好的社交生活，如果哥斯达黎加人有一件事是认真对待的，那就是他们的社交生活。亲密的家庭关系，以及与朋友频繁聚会，是任何已知评价标准对幸福的关键判断指标之一，而pura vida 便要求你一直和朋友出去玩。

"在工作之外，每个人都有自己的生活，"安娜说，"对任何一个哥斯达黎加人来说，与亲人朋友团聚都非常重要。"周日是"祖母日"，大家都在这一天去看望家庭中的女族长（"不管你乐不乐意！"），而那些血缘亲属不在身边的人则与朋友组成自己的家庭单位。"朋友是我们选择的家人，"安娜说，"而且哥斯达黎加人真的非常友好。"她解释，他们初次见面便会跟你说话，并且显得"很友善"。"第二次见面时，你们就会拥抱、制订下次见面的计划、聊天，真正深入交往，"她说，"从那时起，大家基本上就是终生的朋友了。"

安娜告诉我，她上一次（也就是几周之前）回家时，给一位曾经教过她的老师发了一条消息，当时还不知道能否得到回复，但她很想联系看看（因为哥斯达黎加的老师都很受尊敬）。"我一直很喜欢她，不过我们已经有二十五年没联络了，"安娜告诉我，"但是我的老师记得我，还说：'哦，我们可得见一见！'"于是她们见了一面，最后一起吃了晚餐。她邀请安娜参加她第二天的生日派对，并坚持下次安娜再回来时，她们还要聚聚。"这倒并不罕见，"安娜说，"我们哥斯达黎加人喜欢彼此联络，无论多久没有见面都没关系，因为如果我喜欢你，我就会敞开大门欢迎你。"

pura vida 要求一个人敞开心扉，比许多北欧人通常所习惯的可能更多一点。安娜说："它的意思是'我们爱你，我们就在你身边，不管发生了什么'。"所以哥斯达黎加人最后往往拥有一大群非血缘关系的家人，不离不弃。"这种感觉特别棒，你知道你拥有很多这样的朋友，他们会为你做任何事。"安娜告诉我。这我相信。"这是拉美人的个性，"她解释说，"我们骨子里充满激情！"她一边说，一边手舞足蹈，仿佛这才想起我们正坐在丹麦一个斯堪的纳维亚极简主义开放式公共工作空间里。她稍微克制了一下自己，压低声音说道："在哥斯达黎加，人们都不太会隐忍，我们通常不怎么'矜持'，而对于斯堪的纳维亚人来说……"她没再说下去，而是巧妙地总结道："这么说吧，哥斯达黎加的生活比其他地方的更吵闹、更欢乐，也更轻松。"

有一句谚语是，拉美人不是"走过人生路"，而是在人生路上跳舞，哥斯达黎加人也不例外。"这很好，"安娜说，"但有时候跳舞是不合适的。"她接着告诉我，在工作环境中，pura vida 并不总能为哥斯达黎加人带来好处。"没什么条理，"她承认道，"而且'哥斯达黎加时间'臭名昭著……"迟到两个小时是常态，这会"让外国人发疯"，但哥斯达黎加人并不认为迟到是不尊重别人的表现，他们只是太放松了，所以都不看表。"在哥斯达黎加，人们几乎对此深感自豪，"安娜说，"很多人都把它视作我们魅力的一部分，像是说'我们有自己的时间'！pura vida 意味着我们有时候太酷了点。"

哥斯达黎加也存在更大的问题。20%的人口生活在贫困之中，青年失业率徘徊在 25% 左右。首都圣何塞是拉丁美洲空气污染最严重的城市之一，尽管该国致力于环境保护。"道路也很糟糕，在哥斯达黎加开车是一项极限运动，"安娜说，"但我们对此无所谓，我们太放松了。我们只是想，'它本来便如此'。"哥斯达黎加是一个以天主教为主的国家。"我认为这就解释了为什么 pura vida 影响如此强大，以及为什么我们对很多事情都如此放松，"安娜说，"人们会说'顺其自然'。或者说'上帝已经决定如此'，无论我们怎么做都不会有多大区别。"但在某些问题上，哥斯达黎加人有自己的立场。

哥斯达黎加人除了具备放松的性情，还非常了解自己想成为什么样的人，并且经常被称为"拉丁美洲快乐的叛逆者"。1948 年，哥斯达黎加军队被总统（即著名的和平主义者何塞·菲格雷斯）解散了，因为他认为政府经费更应当用于教育、健康和生态旅游。他是对的。哥斯达黎加自 1949 年以来一直是一个和平的、有着高文化水平的多党民主国家，基本上人人都可以获得医疗保健服务，还享有蓬勃的生态环境，后者吸引了来自世界各地的数百万游客。废除军队也对哥斯达黎加百姓产生了重大影响，改变了他们对世界的看法以及他们解决冲突的方式。"我们很自豪，因为我们国家取缔了军队，"安娜告诉我，"这让我们觉得可以通过民主和谈判做成事。"

pura vida 关系着幸福和对生活的享受,这通常意味着凡事不紧张、放轻松。但是，如果朋友遇到了麻烦，或者没机会得到他们的 pura vida，那么拉丁人就会勃然大怒。安娜说："如果有人威胁要拿走我们朋友的自由和 pura vida，我们是不会答应的。"忠诚需要行动，平常无忧无虑的哥斯达黎加人这时就会从他们的吊床上跳下来表明立场。就像在 2018 年 4 月，选民以奇高的票数选出卡洛斯·阿尔瓦拉多·克萨达，使他以压倒性的优势战胜右翼社会保守人士法夫里西奥·阿尔瓦拉多·穆尼奥斯，后者的竞选主张反对同性结婚。安娜说："我们以悠闲著称，这是真的，但是当我们感觉到某些事情不对劲时，我们就会采取行动。"生活的目的和意义感都被证明是幸福的重要指标，而 pura vida 的内核便是极度忠诚，这帮助哥斯达黎加人保持快乐。

这种恬淡的若无其事、对家庭（血缘或非血缘）的重视，以及一年到头都能享有极美丽的自然环境的条件，为哥斯达黎加人带来了纯粹的快乐，即 pura vida。这很像亚里士多德对"幸福感"（eudaimonia）的定义，对之最准确的描述是"获得感"或者满足的状态，简单来说，就是快乐和健康。当代科学家将这种幸福称为"体验的快乐和积极的影响"。或者，用安娜的话来说："哥斯达黎加人不怎么谈论幸福，我们只是过得幸福。"从本质上说，pura vida 是结合了日常的"无忧无虑"、社会良知和对生态的自豪的完美魔法。尽管我们不能全部搬迁到有着阳光、树蛙、海龟和数十年宠爱着我们的老师的地方（虽然我仍然希望安娜的家人收养我），我们都可以仿效一下 pura vida 的特质，无论我们身在何处。

# 如何体验 pura vida

## 1.

尽量放松一些。说起来容易做起来难，对吧？花时间和那些让你感到最舒服的人，那些从不匆忙的人在一起。让他们坐下来告诉你他们的秘诀……

## 2.

享受户外活动，沉浸在周围的环境中。没找到树蛙？没关系，我打赌附近会有一只非常有意思的甲虫，至少有一只让人叹为观止的蚂蚁。

## 3.

考虑采纳哥斯达黎加的时间制度，当然工作日最好别这么做，看看如果没有钟表约束你会有怎样不同的感受。

## 4.

保护你的朋友，坚决维护他们。平常保持悠闲冷静，关键时刻再热血沸腾。因为 pura vida 是所有人的权利。

丹麦

一

Arbejdsglæde

"工作中的快乐"

# Arbejdsglæde
## "工作中的快乐"

这是用来概括丹麦人工作态度的一个名词。源自 arbejde（丹麦语中的"工作"）以及 glæde（表示"幸福"的一个词），字面意思是"工作中的快乐"。对斯堪的纳维亚人来说，这是过上美好生活的至关重要的概念。这个词只存在于北欧语系之中，而这个概念在世界上的其他地方似乎都不起作用。

# 一

## 丹麦

我的邻居——为了不让我和他都羞红了脸，就叫他拉尔斯吧——是一位四十多岁的教师，他有着一头优雅的银发，走起路来像二十岁出头的人那样精神抖擞。拉尔斯表面上做的是全职工作，但是每天上午9点到下午3点之间的某个时间段，无论天气如何，他都会去长跑，拉伸后，再奖励自己一根香烟，然后坐在他家门前台阶上观察这个世界。我之所以知道，是因为我在我们房子前厅的一张桌子上工作，"看着世界/拉尔斯经过"就是我每天都在做的事情。拉尔斯这个人，冬天经常在街上随便找个路人打雪仗。夏天，他经常会从我们的花园里找飞盘（他的前臂的确魁梧有力）。拉尔斯喜欢他的工作，而且他似乎能有条不紊地平衡和区分工作与生活。

我们刚搬来时，我认为拉尔斯是个怪胎。然后我认识了麦斯和梅特，要介绍一下，他们住在我们隔壁。他俩都有自己喜欢的工作，工作强度也相当大。然而……在每周二上午10点30分，这两个几乎为禅宗发狂的人都会结束"情侣瑜伽"回家，腋下夹着卷起来的瑜伽垫。麦斯会越过花园围栏快乐地向我挥手，告诉我他的下犬式有了进步，然后说他刚学了一晚上萨尔萨舞。他们有三个年幼的孩子，有忙碌的社交生活，以及在任何其他国家都算是焦头烂额的工作，但这对璧侣似乎永远在户外烧烤野餐和修剪灌木丛。这就是平衡了工作与生活、丹麦风格的 arbejdsglæde 神圣艺术。

"大多数丹麦人都希望愉快地工作，"我的朋友卡琳娜告诉我，"工作占据了你生命如此多的时间，你不妨享受它。"而 arbejdsglæde 就是说要享受你的朝九晚五(或者更确切地说，早上 8 点到下午 3 点左右，这是丹麦的工作时间)。另外丹麦人可以免费受教育，甚至在十八岁之后接受教育还可以获得报酬，这样更多人可以在他们感兴趣的领域接受培训并找到工作。同时，由于天价税收制度，大多数丹麦人的主要动机不是钱，而是选择他们真正喜欢的工作。虽然官方规定每周工作时间是三十七小时，但经合组织的数据显示，丹麦人平均每人每周工作三十三小时。丹麦的《假日法案》(大家最喜欢的法案)让员工享有每年五周的带薪假，除此之外，还有公共假日、培训日、国庆节以及丹麦人能想到的其他各种节日。最后一数，共有十三类法定节日，连含糊不清的"普通祷告日"(就是自己那种泛泛的祷告)都正当化了，所以这又保证丹麦人每隔几周就可以休息一天。

在丹麦，等你终于到了办公室后，你也基本不用很辛苦。那是一个待着非常愉快的地方，几乎没有层级，每个人都平等地工作，朝着共同的目标前进。斯堪的纳维亚的大部分地区仍然被一种叫作"詹代法则"的东西管辖着。那是丹麦-挪威籍作家阿克塞尔·桑德摩斯1933 年的小说《难民迷影》中概述的十条生活准则。第一条大致翻译为"不要以为你很特别",剩下九条基本上是用不同的句子重复第一条,以此敲打你,这样的话,等到第十条的时候,你基本上就不会对事实有什么误解了。事实就是,个人成功是对斯堪的纳维亚社会主义原则的冒犯,而炫耀则无异于谋杀。它几乎是"不要过分如何"的宣言,但丹麦人与瑞典人和挪威人一样,已经全盘接受了它。着装规范一般倾向于非正式的,而且你不太会在丹麦看到很多领带(这么多年,我就上星期一看到一个,是第一次。真是不寻常事件……)。CEO 在咖啡机旁与清洁工聊天,财务总监在前台工作人员后面排队买午餐,这些都不稀罕。与你的上级对抗或者批评你的同事都是完全可以接受的,并且,卡琳娜告诉我:"如果我有话想要对谁说,我就可以说出来。"

对等级制度的漠视始于学校教育,孩子们平等地称呼老师的名字,甚至有时候(悄悄地说)发出挑战。"老师非常期望你能告诉他你对事情的看法。"卡琳娜说话的语气好像是在暗示如果你不这么做的话你就是个蠢蛋。"在丹麦,我们从生下来就把这种事视作理所当然。"确实如此。她是这样。他们都这样。丹麦人也非常热衷于达成共识,每个人都有发言权。这意味着大多数员工都感到有自主权,并且能参与任何决策。他们对自己的工作也拥有很大的自主权,只要任务完成,别人不大关心他们是何地何时以及如何完成的（因此会有早上的瑜伽/下午的飞盘）。"其他人相信我能做好工作，不用管我，让我自己去做，"卡琳娜这么说，"我对自己的职责有完全的掌控权，没人说'你必须早上8点准时到'。"所以丹麦人可能会每周从早上7点工作到下午3点（"甚至就到2点多"），然后晚上再做一些，或者某个早上完全翘班。"我或许就是需要离开办公室几小时，"卡琳娜说，"所以我可能会把它写在日历上让人知道，但我不需要征得任何人的同意，我直接这么做就行。"这听起来很激进，但在丹麦很普遍。

她说："arbejdsglæde意味着你能围绕你的私人生活自由安排你的工作，这会减轻不少压力，绝对会让人更幸福。"对于那些中午仍在办公室的人来说，午餐是单位餐厅里不可妥协、有大量补贴的集体活动。下午的话，很可能会有蛋糕报到。在丹麦，寿星带来他们自己的生日蛋糕与大家分享，同事们则用丹麦旗帜装饰寿星的桌子作为回报。当发现自己的办公桌被殖民时（无论你的国籍是什么，总是插一堆丹麦国旗），你可能会吓一跳，适应了之后，通常就会有一群人来唱歌了，接着是闲聊。然后可能就到了下班时间。你在其他地方看到的超时工作的文化和丹麦的工作场所文化有所不同，工作到晚上7点更有可能为你赢得一顿关于效率或时间管理的说教，而不是鼓励和赞许。所以，下午4点每个人都关掉电脑回家。

"由于拥有这种灵活性，我在工作时更有动力也更为专注。"卡琳娜说。她也体验过英国和澳大利亚的职场文化。"在丹麦工作，我做得更多，可能额外付出 20% 的劳动。"所以丹麦人并不是更努力地工作，而是更聪明地工作。职场压力也存在，但这通常是因为丹麦人已经如此彻底地适应了对 arbejdsglæde 的期许：他们希望工作变得灵活、有回报，并使他们感觉良好。因此，如果他们没有这种感受，那就得竖起示警红旗采取行动，立刻马上。丹麦没有那种你在挣扎的时候还得继续保持"战斗"的文化，你不必担心诚实地说出心理健康问题会对你的职业生涯产生负面影响。在丹麦，你会得到帮助：你会获得六个月的假期，然后人们会欢迎你再次回归职场。

如果出了什么岔子，丹麦举世闻名的福利政策还能为人们提供舒适的保障，因此即便失业也不会是世界末日。"这意味着你不必担心任何事情，"卡琳娜说，"你知道自己不会沦落到流落街头，你知道你的健康是有保障的，你也知道你的孩子从小学到大学都将获得良好的教育，这些教育费用均由税收提供资金支持。"失业保险确保许多职工在两年内获得他们原来工资的 90%，所以大多数丹麦人都知道，即便暂时失业，他们也会安然无恙。这是丹麦"弹性保障"模式的一部分，它表示公司相对容易裁撤员工，而慷慨的失业救济金和政府资助的再培训计划（由高额税收保障）能帮助丹麦人找到新工作。

来自哥本哈根的雅各布告诉我,很少有丹麦人仅仅把工作看成"一份工作而已":"我们期望在工作中绽放光彩。"丹麦人要求在有偿工作之外还获得快乐、满足和激励,还要有滋润的社会环境(这不是贪婪是啥?!)。雅各布说:"一些小事,诸如周五的全员早餐、生日和周年纪念日庆祝活动、午餐时与同事们在餐厅聊天,或仅仅早上与同事在咖啡机旁的相遇,所有这些都让一天更加美好。"那如果乐趣没了呢?"从理论上讲,你可以辞职,而且不必过多担心下一个工作机会什么时候出现,"雅各布说,"这意味着大多数人只会做那种能给他们带来快乐和满足感的工作——否则,为什么不换一份工作,甚至接受新的培训?"

自 19 世纪以来,丹麦人一直专注于终身学习,他们在职业教育项目上的投入比经合组织中任何其他国家的投入都多。即使你被解雇,你也不会有事。一旦你不再害怕被解雇或最终陷入贫困,你会变得勇敢得多。当丹麦玩具制造商乐高的管理层改变咖啡供应商时,总部发生了叛乱。嘉士伯(可能是丹麦最好的啤酒厂)的工人们在老板取消"工作时间的免费啤酒"时选择了罢工(这些讨厌鬼……)。在丹麦,人们的期望很高,而且这些期望能在很大程度上得到满足。卡琳娜说:"我们知道我们拥有的已经相当不错了。"她承认自己是所有海外朋友的羡慕对象,因为她即将迎来十三个星期的假期。等等,什么?十三个星期？"嗯哪……"卡琳娜告诉我，她和爱人在第二个儿子出生后攒了一些育儿假，计划用来旅行。她的儿子现在已经四岁了，但在丹麦，只要在孩子九岁之前，父母都可以使用五十二周的假期。你的同事不恨你吗？我忍不住问。"不会！我不在的时候，每个人都会一起出力，接手我的工作，"她告诉我，"就像我会为他们做的那样。人们期待你能多体谅一些，事先做好自己能做的事情，然后在不是特别忙的时候去休假。"好吧，祝贺你啰……我太为她感到高兴了。真心的哟。你看不出来吗？

"关键在于，在丹麦，我们有选择，"她补充道，"而 arbejdsglæde 是丹麦式生活的前提。"虽然挪威和瑞典也使用这个词，但只有丹麦人的工作快乐指数在民意调查中高居榜首。2016 年优信咨询的全球劳动力幸福指数显示，根据员工满意度、推荐现有雇主的意愿度，以及在不久的将来跳槽的可能性等指标，丹麦是职工满意度最高的国家。奥尔堡大学的一项研究发现，70%的丹麦人"同意或强烈同意"即使他们不需要钱也会继续工作。《世界竞争力年鉴》显示，丹麦在激励员工方面也名列前茅。起初我认为这会让丹麦成为懒虫的天下，但后来我发现，根据华威大学的研究结果，当人们心态积极的时候，生产率会提高 12%，因为员工的幸福对他们的工作积极性、卓越成果的创造和人才的挽留至关重要。商业咨询公司"专家市场"的数据显示，

arbejdsglæde 帮助丹麦成为世界上生产率第四的国家。短暂的工作周可以使你拥有工作之外的生活，而且对工作也乐在其中。

　　哲学家伯特兰·罗素（遗憾的是我跟他没有血缘关系[1]）认为休闲是美好生活的重要组成部分，他形容人在这段时间"焕活灵魂""创造文明"。伯老头建议我们都只工作到满足我们需求的时间即可。这样，每个人都有时间工作、休息和玩耍，丹麦人对此应付自如。你可以下午4点来看看，我所移居的这个国家的父老乡亲通常会划船，去合唱团唱歌，骑山地自行车或玩飞盘。如此多选项，让人眼花缭乱。雅各布就有很多爱好，骑自行车、皮划艇、摄影、烹饪和烘焙，这是最新统计。他有时间工作真是个奇迹。基础架构和文化氛围的支持使这种沉浸式工作和奖赏式玩耍之间的平衡成为可能，这是丹麦人总在幸福民意调查中领先的主要原因。这是通向美好生活的一种与众不同、绝对幸福的方法，十分有效。所以现在我把 arbejdsglæde 放在第一位。我保证自己会享受工作，然后下线，只要时间允许便毫不愧疚地在阳光下玩耍。我只要注意不被飞盘打到就行了……

---

1　两人的姓均为 Russell。

# 无论你身在何处，如何为你的生活获得更多 arbejdsglæde

## 1.

和你的老板谈谈。我们也许无法一夜之间改变工作场所的基础架构或所在国家的工作文化，但我们可以努力一下。卡琳娜说："告诉你的经理，如果他们更灵活，允许变通，你会为他们创造更多。"或者给他们看这一章的内容。

## 2.

如果你是老板，请与你的员工谈谈。采取行动，为大家的工作带来更多幸福。

## 3.

重新架构你朝九晚五的生活。无论我们的情况如何，实际都为了某个目的而工作，通常是为自己或他人的幸福。工作可能不是每天都有趣，但它仍然涵盖着一个有用的目的，因而也会有价值。写个便利贴，贴在合适的位置巧妙地提醒你自己。

## 4.

充分利用你的同事。当他们是你的朋友时，一天过得更快，他们也能在沉闷的时刻使你振作起来。自带蛋糕的人 = 一份意外收获。

## 5.

真不喜欢你的工作吗？另起炉灶，重新学习，努力换个新工作。继续学习永远不会太晚。

芬兰

一

**Kalsarikännit**

"穿内裤喝酒"

# Kalsarikännit
## "穿内裤喝酒"

　　名词，意思是"穿着内衣在家里喝酒，无意外出"。芬兰语中的 kalsari 意思是"内裤"，而 känni 的意思是"醉酒状态"，kalsarikännit 的字面意思就是"穿着内裤喝醉酒"。该术语最早出现在 20 世纪 90 年代，2000 年初在网上流行，并于 2014 年被编入芬兰语言学院的在线词典。忘掉这句"看会儿奈飞放松一下"吧：在芬兰，应该是"看会儿奈飞穿内裤喝酒"。

# 一

## 芬兰

在最近一次寒潮中，社交媒体上流传着一个梗，突出了北欧各国间的气候和性格差异。瑞典人将寒冷天气描述为"雪大炮"，英国人称之为"东边来的野兽"，而芬兰人称之为"星期三"。芬兰人跟"寒冷"太熟了。在北方，他们有驯鹿、齐腰高的积雪和非常漂亮的日出，漂亮到它们应该拥有自己的 Instagram 账号（搜索"suomi[1]"，然后哭吧……）。在南方，他们太靠近大海了，所以没有雪（讨厌的海洋效应……），但仍然"冻得人脸疼"，这是我的朋友缇娜说的，她就来自那里，她还说："大多数时候天都是黑的……"我告诉她，她这么说其实是在帮那里做宣传。她告诉我："从好的方面来说，这意味着你可以穿运动裤出门，素颜，因为没人能看见你。离你最近的邻居可能在 20 公里以外，反正你不会碰到什么人。"塞翁失马焉知……"但我们很会保暖，"她说，"我们出去的时候穿很多，还会确保我们的房子真的很暖和。"这是我在丹麦生活稍有体验的：是的，经常下雪，但丹麦人不弄什么"穿堂风"，一旦你进屋了，你想脱多少脱多少，只要你自

---

1　suomi 是芬兰语中"芬兰"的意思。

己觉得舒服，脱到你能接受的程度就行。经历了每一个普通芬兰人所必经的诺基亚式抗摔打的艰难一天之后，回到家中，他们喜欢放松下来，差不多把所有身体部位都晾出来，沉浸在 kalsarikännit 之中。

"你可以向任何国家、任何地方的任何人解释这个词，他们会立即明白这是什么意思，也懂它为什么很有趣。"玛丽安娜带着一丝骄傲告诉我。玛丽安娜来自赫尔辛基，我们是大学同学。她这个人很有意思。"每个芬兰人都知道 kalsarikännit 是什么意思，"她说，"而且我们知道它的影响力正在扩大。但是，等你到了三十多岁的时候，你才真的懂它。你总想宅在家，不想应付穿衣打扮、不想化妆，也不想出门，不过你还是想喝点儿啤酒。于是你待在家里，穿着内衣喝酒。这是每个人在某个阶段都会做的事情，对吧？"不对啊！我告诉她，我真的从来没享受过这种乐趣。我也很生气她现在才告诉我这种好事（"你可是剥夺了我二十年穿着内裤喝酒的权利！"）。不过，尽管芬兰房屋安装着显然非常出色的双层玻璃，我还是禁不住好奇，为什么一直脱到只剩下内衣裤才算作"舒适"。睡衣不是更好吗？或者披个毛毯也行啊？我得到的答案是一个响亮的"不"。

"芬兰人也喝很多酒。"缇娜给我的眼神好像在暗示，这可能跟他们只穿内衣时对寒冷的感受有关，也可能无关。我回给她一个眼神，意思是："绝对有关。"根据 2015 年世卫组织数据，芬兰是全欧洲饮酒量最大的国家之一。"在芬兰，你只能从特殊商店购买到酒，"缇娜告诉我，"至少酒精含量高的那些酒得从特殊商店买。所以一旦喝上了，你就会一次喝个够。"随着他们开启"豪饮保暖模式"，芬兰人脱得几乎精光也没问题。于是，kalsarikännit 如此受欢迎，乃至于在 2017 年，它还获得了一套 emoji 专属表情包。芬兰外交部创建了包括它在内的一系列图标，这个系列中还有蒸桑拿的裸体人、诺基亚 3310，以及摇头晃脑的重金属迷。但只有这个画了只穿内衣、手上拿着啤酒的一男一女的图标最受欢迎。这大概是因为全芬兰的人为了避免在手打 kalsarikännit 的全拼时冻伤手指，需要一个快捷键来代替它。

kalsarikännit 是典型的单人活动，或者需要与另一个重要的人一起执行，但任何更喜社交的芬兰人都可以在芬兰 200 万个桑拿浴室里从里到外地暖个透（芬兰每 2.75 人便拥有一个桑拿浴室）。缇娜说："桑拿文化很强大，而且通常人们也会在那里喝啤酒。"许多俱乐部活动和体育赛事都会包含桑拿之夜，届时你可以裸着身子喝酒，然后跳进湖里，或在雪里打滚。但是芬兰人能撑得住，因为除了 kalsarikännit，他们还有 sisu，即"不论后果如何都拥有的坚持和决心"，缇娜告诉我。正是因为 sisu，在 1939 年至 1940 年间，一支由 350 000 个芬兰人组成的军队击退了 1 000 000 人的强悍苏联军队。两次。sisu 使芬兰人在漫长而黑暗的冬季应对零下 35 摄氏度的低温；在暴风雪中砍伐原木；

在没有任何可识别的旋律的情况下，仍坚持带着不合时宜的民族自豪感听重金属音乐。这些通常都是与男子气概文化相关的特征，但芬兰号称是拥有全球性别平等最佳记录之一的国家。

19世纪50年代，争夺妇女权益的芬兰活动家比其他国家的人更早行动，率先要求女性享有接受教育的权利。1906年，芬兰成为第一个允许妇女拥有无限制投票权和入选议会的权利的国家。2000年，芬兰迎来了世界上第一位女性总统塔里娅·哈洛宁。而且，根据2017年经合组织的报告，芬兰是唯一一个父亲比母亲与孩子们相处时间更多的国家。正如缇娜所说："在芬兰，男女之间差别不大。我们都很强悍。我们必须得这样。"

除了严酷的气候之外，芬兰人还忍受了战争和饥荒，在瑞典统治下度过了最辉煌的七百年，直到1809年被割让给俄罗斯。芬兰人民在1917年才重获独立，因此，要论作为一个国家的话，芬兰相对来说还是个孩童。"我们是一个新国家，"玛丽安娜说，"所以在某些方面，我们仍在探索。"但是，从大多数指标来看，芬兰成长得很好。它被评为世界上最安全、治理得最好的国家；社会进步程度第二，富裕程度第三。不仅如此，芬兰公民享有最高水平的个人自由，教育系统也经常名列世界第一。这主要归功于芬兰的学术界人士，他们领导了民族主义运动。自芬兰独立以来，几乎30%的国家元首和政府首脑都曾是大学教授。教育一直占据优先地位，甚至 19 世纪还有一项法令规定，情侣要通过阅读测试才能在路德教堂里结婚。会拼写就能享有性爱，多好的奖励。

简而言之，不管 kalsarikännit 和 sisu 带来了什么，芬兰人都相当受用。他们讲究人人平等，教育体系首屈一指，比世界上其他国家的人更擅长享受生活中的简单事物。玛丽安娜承认："让芬兰人高兴的事情有很多。"但芬兰人著名的平等问题也伴随着挑战：只要平衡被打破，就会触犯众怒。"举个例子，如果你在芬兰赢了彩票，"她告诉我，"更多人会嫉妒你而不会为你高兴。该有一个彩票中奖者的秘密社团，这样他们都可以一起聊天了，因为别人都恨他们！"这个国家收入排名大约前 10 000 的人每年都会在如今称为"国家嫉妒日"的那天公开他们的薪酬，甚至有人说，芬兰人宁愿付出 100 欧元，也不愿看到他们的邻居获得 50 欧元。"我们就是这么好的人！"玛丽安娜大笑着说。

许多芬兰人也在学着如何珍惜自己拥有的东西。"譬如我们的自然环境，"玛丽安娜说，"在芬兰，大自然就在你周围。努克西奥国家公园就挨着赫尔辛基，你也可以从市区开一个小时车到达野外。"她告诉我，近期有一位我们共同的朋友来访，他们一同去采摘蓝莓，然后做了炖麋鹿。我跟她说这听起来像童话书里的东西。"是挺美好的，"她也承认，"我们得提醒自己，我们芬兰拥有这些事物是多么美好，在大自然中有多美好。但我认为大多数芬兰人，如果他们够诚实的话，其实也很享受宅家独处的时间。回到家真是很幸福的。"甩掉你的运动裤，打开一罐啤酒？"当然啦！我们是芬兰人：我们永远都会享受 **kalsarikännit**。"

我也来干一杯。

# 怎样像一个芬兰人那样 kalsarikännit

### 1.

调高室内温度，除非你住在芬兰一所特别保暖的房子里——那你可真了不起。

### 2.

增加库存。你好长一段时间都不会再出门，所以你需要一些补给：小吃、饮料，物资箱和 / 或一个可以一直聊天、和你友好争论的伙伴。

### 3.

穿着舒适的内衣。这可不是穿蕾丝丁字裤或钢托式胸罩的时候。

### 4.

在你开始享受之前，拉上窗帘或百叶窗。否则你的个人活动可能成为别人观赏的对象……

德国

—

Gemütlichkeit

"安逸"

# Gemütlichkeit
## "安逸"

　　名词，形容词形式是 gemütlich，意为"安逸的"、"带来舒适感的"或与一种归属感和社会接纳感相关的感受。词干 Gemüt 的意思是"灵魂、心灵和头脑"；lich 是形容词后缀；keit 是名词后缀。这个词最早记载于 1892 年，与一些突出的德国特征相联系。1906 年，英国作家 G. K. 切斯特顿提到了 Gemüt，他将一座德国啤酒花园描述为"Gemütlichkeit 的绝佳典范"。

# 一

## 德国

妮娜烘焙了点心。这不奇怪。妮娜喜欢烘焙、做饭、带两个小孩，以及全职工作。她现在对任何事都能泰然处之，淡定地整理婴儿餐具、婴儿食品、围兜、湿巾，还能在喝咖啡之前调整摆放在桌上的玩偶。"啊，如此 Gemütlichkeit。"她跟我说的时候，我正全副武装，应付两个哼哼唧唧的婴儿和松散的鞋带——一如既往，我在我们的妈妈聚会上迟到了。妮娜是德国人。我，显然，不是。她告诉我："Gemütlichkeit 的意思是，要去做对你的灵魂有益的事情。"而我刚刚意识到我的针织衫内外穿反了。"所以，如果你压力大，或者睡眠不足……"她看着我说，"那么就表示你需要休息。"记住了。"如果你饿了，就表示你得吃点好吃的。"她把烘焙好的美味朝我这边推了推。我认识到 Gemütlichkeit 就是你最先需要满足的基本需求，它应该是特别的。

"它也不是恒定不变的，"妮娜告诉我，"可能有一天你正好有心情接受某个事物，你就会觉得它很 gemütlich，然后隔天你可能又不喜欢它了。"Gemütlichkeit 是主观的，所以对每个人而言都很不同。它也是私密的，甚至是过于亲密的。"比丹麦的 hygge 更甚，"妮娜说，"另外，我们不会说起它来就喋喋不休。"讲到这里，她翻了个白眼。"丹麦人提到 hygge 时表达更露骨，更爱演。"我从未听过有人这么说丹麦人，但与他们边境上的邻居相比，一切都是相对的。对于德国人来说，"露骨地表达"有点太不严肃，让人不屑一顾。"能体验 Gemütlichkeit 是很好的，但别太多。"妮娜这么说。因为那样你可能会真的变得 gemütlich。

我那个汉堡来的朋友弗劳克说："说谁 gemütlich，就表示他懒散，动作慢吞吞，也不太有活力。因此，如果一个同事没做好他分内的工作，或磨磨蹭蹭拖大家的后腿，便不会被认可。"闲散在德国是一种罪过。在这里，新教徒的工作伦理还发挥着积极作用，它是所有人的目标，特别是在北德和东德。为了理解这一点，我们来速速探究一下错综复杂的问题里最具争议的一项：宗教。

准备好了吗?

咱们开始吧⋯⋯

16 世纪的僧侣马丁·路德认为人们竟然自大妄为到试图用钱买通进入天堂的门路，而不是靠自己努力争取。那时，罗马天主教会在西方具有至高无上的地位，他们向寻求救赎的罪人发放"赎罪券"。赎罪券并不是一张免于监禁的卡片，忏悔才是（放轻松：我是天主教徒，我这么说没问题）。赎罪券是一份允许信徒减少在炼狱（有点像等待来世的候诊室）中的刑罚的文件。传统上，赎罪是通过长时间祷告或玩"朝圣宾果游戏"获得的，这个游戏中的忏悔者要打卡尽可能多的"圣址"。然而一些精明人士发现直接购买赎罪券更有效率。这种做法在德国被明令禁止，但私底下仍在进行。1517 年，一个名叫若望·特次勒的多米尼加修道士为了翻新罗马的圣彼得大教堂，组织了大规模出售赎罪券的活动。路德气得要死。他在《九十五条论纲》（猜猜这里面积攒了多少牢骚？）中斥责了罗马天主教会的学说，由此开启了新教改革运动。路德主张将努力工作、遵守纪律和恪守勤俭作为基本的生存信条，不赞成通过忏悔和仪式圣礼来保住在天堂里的一席之地。这种观念在北欧大部分地区广泛传播，甚至传到了美国，但路德宗的精神和新教的职业道德在德国最为明显。简言之，德国人不像他们的丹麦邻居那样痴迷于舒适的关门闭户的烛光氛围。相反，他们喜欢获得 Gemütlichkeit 再继续前进，而永远不会变得 gemütlich。

德国人的生活方式和 Gemütlichkeit 的另一个独特之处是缺乏怀旧情绪。在丹麦，当你和曾经的伙伴重逢时，回忆过去的 hyggelig 时光基本上都成惯例了。来自汉诺威的妮娜说："但是在德国，我们很少戴着玫瑰色眼镜回顾过去。"这是可以理解的。大多数德国人都非常清楚他们国家在 20 世纪历史中的地位，他们甚至还用一个专门的术语来形容他们在克服过去的负面影响上所做的努力。Vergangenheitsbewältigung 表示尽可能纠正过去犯下的错误并放下二战的负疚以继续前进。战后，德国跪着向世界上的其他国家做出补偿，可 1950 年德国重工业一解体，西德的经济就立即迅猛复苏了（东德的发展路径则完全是另外一回事了）。重建开始了。今天的德国成为欧洲的工业强国，凭一己之力拯救了欧元区，使它不至于在 2012 年崩溃。现代德国以其效率和民主闻名，生产力始终名列前茅。这个拥有 8 200 万人口的广袤国家还为世界带来了皮短裤、黑森林蛋糕和从德国高速公路一路驱车南下、耳边听着当地电台里最受德国人欢迎的大卫·哈塞尔霍夫的无与伦比的体验。我之所以提到这些，原因有二：一是因为我希望只要我活着，永远不必放弃使用"皮短裤"这个词的机会；二是为了强调，尽管德国人的癖好可爱而奇特，他们获得幸福的方式居然如此实用且快捷。现在你们对德国人的感情有些了解了吗？来吧。

"人们有时认为德国人认真得过分了，"妮娜说，"但事实并非如此，只是我们以努力工作为傲。只有工作结束了，'乐趣'才能开始。"德国人喜欢合理地做事而不赞成 Spassgesellschaft。一堆辅音字母像意大利面一样搅在一起组成的这个词，表示过上一种享乐主义的生活或"在工作时摸鱼"。妮娜说，这是一种经常用于形容千禧一代的诽谤，也可以当作一种提醒。"类似于'别玩太嗨或别太放纵你自己'，就像人们在 2008 年金融危机前所做的那样。"有人说十年前的整体经济衰退可能会降临在 X 世代头上，这种说法看上去有点残酷，但我能理解。

在德国过上美好生活的关键就是努力工作，即使在节庆的日子里，安下心来努力工作也是首要的。德国的婚礼经常要先进行一次"投抛之夜"的习俗，就是打碎瓷器，然后让这对幸福的夫妇清扫碎渣。这是为了教育他们，他们将不得不共同努力度过婚姻生活中的困难情形（可真浪漫啊）。还有在婚礼上锯木头的传统，代表着新婚夫妇未来一生中不可避免将要遇到的重重障碍中所必须克服的第一个。毕竟还有什么比一块木头更能表达爱意啊。

"先工作，再娱乐，这几乎是德国人的信条，"弗劳克说，"我们不会把这两者结合起来，我们也不奢望工作变得愉快，或者说是**gemütlich**。"她表示，德国人可以对他们的工作感到非常沮丧，但总体上仍然是快乐的。"因为工作就是在那里等待完成的，而且得做好，然后你就可以放松了，享受一些属于自己的时间。"与弥漫在丹麦生活方方面面的 hygge 不同，德国人永远不会用 Gemütlichkeit 描述任何与工作有关的事情，而且在德国，没人期待丹麦式的 arbejdsglæde。工作和家庭之间有明确的界限，弗劳克告诉我，德国人的许多幸福观念就是跟"停下工作，度过美好时光"有关。因此，Feierabend 一词由表示"庆祝"的 Feier 和表示"夜晚"的 Abend 组成，意味着一个工作日结束后的节日般的心情。"还有 Feierabendbier，"弗劳克说，"同样的词, 在最后加了一个 bier。"这个词用于表示下班后的庆祝啤酒 ("我们德国人喜欢复合名词")。

工作结束, 喝完啤酒, 你可以回到家中。对于许多德国人来说, 家是具有特殊意义的地方。zu Hause 的意思是"在自己家里", 但 Zuhause 合成一个词则表示"让你有归属感的地方", 这是一个与幸福有关的重要词汇。1989 年柏林墙倒塌后, 德国才重新合并为一个国家, 许多德国人由于生活在这个国家东部或西部而有着截然不同的成长经历。一些研究表明, 历史上的东西分隔时至今日依然影响着许多德国人受教育的方式。所以, 你来自哪里其实很重要。

"你的 Zuhause 是一种你属于其中的感觉,"弗劳克解释说,"拥有一个精神家园, 或者不如说是一种你看待使你感到舒适惬意的地方的哲学眼光。"但这不是什么非此即彼的事, 她说:"人们通常不会期待自己的 Zuhause 需求在同一个地方得到满足。"就像在人际关系中, 我们不应该期望有一个人来满足我们所有的需求 (疯子或爱情喜剧才会说这样的假话……), 一种归属感是具有双重甚至多重基础的, 这样才说得通, 因为如今人们的活动范围更大, 活动频率更高。"对另一个地方产生渴望是很自然的。"弗劳克说。

一旦你找到了一个让你产生归属感的地方, 并且已经完成当天的所有工作, 那么你就终于可以变得 gemütlich 了。不少德国人住公寓,尤其是都市里的德国人，但德国人心中对大自然有着真正的热爱，他们渴望去户外。幸运的是，许多公寓都带有阳台，因此德国人可以打造他们自己的啤酒花园。"在德国，我们甚至有一种名为'阳台假期'的东西。"弗劳克说。虽然"宅家假期"通常是由于财务状况欠佳而不能飞去华丽的地方，但"阳台假期"在德国非常普遍。"每个人都这么做，"她说，"无论什么年龄或拥有多少财富。这非常受欢迎。你可能会为自己的阳台买点新植物来犒赏自己，然后休假一周，只是享受在那里度过的时光。"

安坐在阳台上，陶醉在一些来之不易的 Gemütlichkeit 中，如果需要的话，德国人甚至可以在想象中逃亡到内心世界更深处。"还记得那种坐在桌边晃着两条腿的感觉吗？"弗劳克问道。我告诉她我记得，但我许多年没有这样做了……"那就是了！"她说，"感觉自由又天真，对吧？德国人也用一个差不多的短语来形容你的灵魂这样做。"当你的某个工作压力大的朋友好不容易可以调休时，你可能会对他说这种奇特的短语，例如说："好好休息一下：让你的灵魂晃晃腿儿！"另一个备受欢迎的德文短语是"看看空气中的洞洞"，有点望向太空的意思；或"大脑电影院"，做做白日梦吧，幻想吧。我告诉弗劳克我好像有点理解了，就是要先工作，再放松，晃晃你的腿/灵魂？"是的！"她告诉我，"只是别太久。"啥意思？"我们对休闲时间也有规划。我们可能会说：'好吧，我们要让我们的灵魂晃一晃，但我们只晃四十五分钟……'"啊，有条不紊的乐趣可真有意思！

弗劳克把德国人的守时和遵守秩序形容为"一根拉动所有人的弦——我们从不会玩个痛快"。与之相关的还有一个词，表示"空闲时间的压力"。"就像在说：'来吧！我们需要整理行李，因为得去海滩玩儿！'"弗劳克告诉我。她说的时候就知道这听起来有点奇怪。"但这事儿无法避免。我们用一种类似工作的方法来组织我们的休闲活动，我们觉得做好准备是值得的。"我没有立场反驳。我已经和弗劳克做了六年的朋友，和她一起远足时，她没有哪一次不是提前把所有的正餐、零食、咖啡壶和雨天装备完美收纳起来，以备不时之需，而我则感觉自己比平常更蹒跚笨拙。"人们对德国人诚实、可靠、高效的刻板印象其实非常准确，"妮娜表示同意，"在德国，我们重视教育、事实和学习，我们希望事情能够做得很好。"德国人会彻底完成工作，然后才去做第二份工作，也就是享受美好时光。

德国人的幸福是有序地暂停工作和休息放纵，而这也是个人单独去做的事。弗劳克补充道："这与家人、朋友或为人父母的责任无关，甚至可以说，就是要远离他们而暂时休息。"这无伤大雅，因为这是你应得的。虽然父母应当对孩子负责，但在德国文化中，他们不会特别预期自己能得到任何回报。"我没指望我的孩子在我老了的时候能照顾我，"弗劳克说，"而且总的来说，德国人不期待让其他任何人对他们的快乐负责，我们希望亲自为之努力，而且知道这事就是取决于我们自己。我想这跟新教徒什么的有点儿关系，我们必须亲自去达成目的。"

我不会轻易把我某个最好的朋友与尼采进行比较，但听听吧：德国哲学家（尼采，不是弗劳克）认为我们所有人永远都只能控制我们自己的思想和行为。其他任何人都不是我们的责任，即便别人经常做一些很荒唐的事，我们也对此无计可施（我在转述……能猜到吗？）。他竭力号召我们接受生活本来的样子，然后对我们自己的行为负全部责任，而且在任何时候都尽量做到最好。这些似乎囊括了德国人生活和获得幸福的方法。"其实真的很简单，"妮娜说，"你努力工作，然后就可以努力玩耍，体会 gemütlich。"

# 如何体验 Gemütlichkeit 并获得德式快乐

## 1.

注意那些使你的灵魂感到舒缓的东西，并为之腾出时间（自制饼干？烘焙好了。需要充电打个盹？现在就去睡一觉）。

## 2.

……然后像哲学家尼采附身似的，接受你无法改变的事情（暴躁的同事、天气、你配偶的心情，你都不必介怀）。奋力工作到冒烟儿，然后休息。适当休息。知道你已经做了你所能做的一切，然后以此为荣。经过充实的一天之后，人会感到满足。

## 3.

你有阳台吧？在阳台上享受啤酒，感受 Gemütlichkeit。看！你自己的啤酒花园！

## 4.

让你的灵魂晃晃腿儿（只晃固定的一段时间……）。每个人都花五分钟好好看看天上的洞洞，或在脑中看一场迷你电影特辑。看到没？你已经精神焕发了。

希腊

一

**Meraki**

**"爱的表达"**

# Meraki
## "爱的表达"

　　一个可以用作副词的名词，这个希腊词源自土耳其语的 merak，即"爱的辛劳"，如今演变为完成任务（通常是关乎创意或艺术的任务）时的"准确、奉献和专注"。它表示一种内省的、精确的对于关心和爱的表达。

# 一

# 希腊

　　希腊：酒神狄俄尼索斯的国度；头顶高脚杯跳舞；在《希腊人左巴》[1] 里的海滩上跳舞；喝着茴香酒跳舞（我至今闻到这种茴芹味的烈酒，都会想起 1997 年一个特别热烈的夜晚），或者干脆只是跳舞。希腊人知道如何享受一段美好时光，但除了这种强大、充满活力的派对精神之外，希腊人还有一种更安静、更沉思的追求快乐和幸福的方式，这种方式在该国 13 676 公里的海岸线之外不太为人所知。meraki 的理念是全身心投入到充满爱、关怀和激情的事物当中，这是希腊人数千年来所擅长的一丝不苟的、巩固灵魂的追求。

　　来自雅典的画家兼历史学家德米特拉最近在冬天搬到了丹麦农村（她受够了"阳光"和苏格拉底……），她说："meraki 与激情有关，它不是随便把东西拼凑在一起，而是带着关注和爱，甚至可能是带着一点完美主义倾向去实现某件事。它意味着——"说到这，她双手合十，"'一丝不苟'，或者说'小心谨慎'。它是指怀着激情做点什么事情。"身为画家的她告诉我，她最近在当地一个希腊人经营的场地举办展览。

---

1　克里特岛作家卡赞扎基斯出版于 1946 年的一部小说。

德米特拉怀着 meraki 精神对待她所有的作品，而当她正在布置展品的时候，场地主人来了。"她环顾四周的作品，然后指着其中之一说道：'你知道吗，如果这幅画没卖出去，我觉得你应该再把它改进一下。'"这话如果是由别人来说可能会被解读为粗鲁，但既然是来自一位希腊同胞，德米特拉明白这反映了他们对 meraki 的共同理解（"除了这一点，还有可作为希腊商标的品质：诚实"）。场地主人能一眼认出什么东西是带着 meraki 制作的，她和德米特拉有着相似的完美主义情结和对创作的关心。"但任何事都可以怀着 meraki 精神来完成，"德米特拉告诉我，"例如准备一顿佳肴甚或是往桌上摆盘这样的事情。"meraki 不是说要把事情安排得完美无缺，也不是说要一手拿着面包盘，另一手拿着手机进行这种多任务处理。它要求"专注"，专注于手头的工作而且丝毫不分心。雅典来的建筑师安杰利基说："无论何时，我都会带着 meraki 的精神做饭。对我而言，这是一种创造，我知道我将很享受食物，而且花时间做一顿特别的菜肴这件事本身也充满乐趣。"

拥有一份你所引以为傲的热爱，对于那些无法从自己的主要职业中获得这种感受的人来说，能带来额外的好处。而如果你每天的例行公事像永无止境的苦差事，那么 meraki 能够让你的生活变得有意义。熟悉希腊神话的人可能记得西绪福斯的故事：西绪福斯被判将一块巨石推至山顶，可是到了山顶后石头却又滚落回山脚，日日如此。如果这听上去有点像你朝九晚五的生活，还是振作起来吧。许多需要每天完成的工作往往不太具备挑战性，也比较枯燥，不论是整理文件、列采购单，还是一些更艰苦的养育子女的工作。但你可以用那些你对之充满热情、真正期待去做的事，亦即你的 meraki，去打破乏味工作的无休止的循环。就比如说，假设西绪福斯喜欢编织绳结，事情看上去可能就不那么悲催了。他每周的日历可能更像是这样：

　　星期一：滚巨石，休息的时候织一个半扣结。
　　星期二：滚巨石，收工后织一个方结……
　　诸如此类。

　　meraki 精神也在更为普遍的、非常希腊式的获得幸福的方法中发挥了作用，即使是最随意的社交活动，人们也是怀着关怀与爱去对待的。现代心理治疗中，衡量健康的关键指标之一是与朋友和家人联络的频率，而希腊人通常在这方面有颇多收获。安杰利基说："即使你已经站在家门口了，可能还是需要一个小时才能进屋，因为朋友或家人经常站那儿和你说话。"或者，用德米特拉的话来说："希腊人总在管别人的闲事。"集体经验非常珍贵，希腊人一般不会独自做什么事情。"比方说，你永远不会自己去咖啡馆，"德米特拉说，"而且不管什么时候遇到什么事情，我都会立即给朋友打电话。"说到这，她假装两只手里各拿着一个电话，"人们认为不能把事情憋在心里，我想这跟幸福有关。在世界其他地方，你可能会去找心理医生谈谈，但在希腊，我们就跟彼此交谈。"

希腊人鼓励表达。德米特拉告诉我："我们看重情绪，我们甚至还用一些特殊的词语来表达情绪，你在别处找不到这样的表达方式。"这其中，我最喜欢的是 klafsigelos，即"笑到眼泪都出来了"。希腊人也很会处理伤心的情绪。德米特拉说："希腊悲剧不只存在于历史上。如果某位亲人去世，你会穿黑色服装；你哀悼；你完全沉湎其中。"她告诉我，在她父亲长大的村庄，如果一个人丧失亲人之后没有"几乎一直"穿着黑色服装，他就会受到孤立。德米特拉说："我们哭泣；我们哀号；我们跳舞；我们唱歌。我们在不同的程度上把这些事情统统做一遍。"她没开玩笑：希腊的国歌有 158 节歌词。这就是 meraki 精神。

他们拥有庞大的剧院，仅在雅典就有 400 家。即使只有 300 人的偏远村落里通常也会有一家剧院。德米特拉说："我们深入挖掘故事，这些经过精心设计的故事揭示了人类的经验。"这是因为 meraki 精神。剧院门票价格合理，仅 10 欧元左右，而且演出很多，因此所有人都有机会去观看。德米特拉说："去剧院看戏一直是希腊生活的一部分。"她告诉我，在古代，人们会去看四场节目："你会先看三场悲剧来获得精神净化，在舞台上看到你平常不敢想的东西。例如《美狄亚》中，一个母亲杀死了她的孩子们，或是在《俄狄浦斯王》中，一个人和他的母亲上床。"（都跟母亲有关，你懂的，就是我们这些做母亲的没在读书俱乐部喝酒时喜欢做的事……）"最后你会看一部喜剧收尾。"德米特拉说，"目的是荡涤心里消极或禁忌的东西，最后得到升华。因为古希腊人非常了解人类心理。"

现代希腊人也没有做得太糟糕。每个在希腊长大的孩子打小就知道自己有一天会死，也打小就具备了自我意识。"在希腊，你从三年级（大约八岁）开始学习希腊神话，到六年级时（十一岁）你就开始了解希腊哲学家了，"德米特拉说，"世界各地的人都学习自己国家的历史，对吧？但是在希腊，我们的历史更悠久！"孩子们经常被告知，雅典娜女神"帮助那些自助者"。大多数希腊青少年都熟悉"柏拉图的洞穴比喻"甚至"双耳瓶的故事"（是的，我也没听过……得加把劲才行）。德米特拉说："希腊人有哲学（最终是心理学）基础，所以我们拥有阳光、地中海饮食、超级大家庭以及所有已被证明能增强幸福感的事物，也深刻理解什么是幸福以及幸福意味着什么。"你的 meraki 意味着即使在不顺利的日子里，当事情很艰难甚至无聊时，你还有一些值得期待的东西。你的副业，你的激情，都可以让你继续前进。

希腊人认识到，我们虽然未必能掌控发生在我们身边的经济或政治事件，却可以控制自己对事情的反应，掌控我们自身的情绪。怀着 meraki 精神做事情就是从现代生活中抽出时间来，带着关注和关心去创造。希腊人民的过去并不顺利，因为有外来侵略、战争和持续至今的重大经济困难，但在大多数情况下，人们仍然感到幸福。"我们的生活质量很高，"安杰利基说，"我们不会像其他人那样感受到巨大的压力。有些事情我们无法改变，但我们对此有哲理性的思考。我们继续前进，找到获得幸福的方法。我们为朋友腾出时间，为 meraki 腾出时间。"你也应该这样做。

# 如何体验 meraki

## 1.

关机，接下来的十分钟，专注于一件具有创造性的事情。

## 2.

带着关怀烹饪食物，如果你擅长烹饪的话；否则就奖励自己一顿外卖，但是尽量优雅地在桌上摆盘。干脆把餐巾叠成天鹅的形状？好嘞……

## 3.

鞭策自己尽善尽美地完成一件事，并且享受整个过程。完美主义只有在给你带来压力的时候才是消极的，而 meraki 完全是激情。

## 4.

还没找到发泄的方式吗？多去尝试看看。兴趣爱好使我们更快乐，活在当下并专注于手头的事务也有助于我们静观自省。一举两得。

冰岛

一

Þetta reddast

"一切终将柳暗花明"

# Þetta reddast
## "一切终将柳暗花明"

　　一句冰岛格言，意思是"一切终将柳暗花明"。这个短语展现了这个国家现代维京人的形象，他们外表随和，内心坚毅，这是一种不同寻常而又强大的组合。遇到困难时，冰岛人坚信一切最终会好起来；不管困难有多大，总会有解决办法。Þetta reddast 的意思是坚韧不拔。它意味着"敲着锅碗瓢盆"来应对金融危机。它意味着尽管面临困难，坦率地说还有可怕的天气，冰岛人也知道他们仍然有能力成就伟大。

# 一

## 冰岛

雷克雅未克的蓝色潟湖就像巨型热牛奶浴池，充满浑浊的水，富含矿物质。附近蒸腾的含硫水从地表喷出。继续向南行驶，你会看到山脉、黑沙、瀑布和冰川。冰岛超乎寻常的景观也超乎寻常地令人生畏，低温达零下 25 摄氏度，冬季只有四小时的白昼。阳光是如此稀罕，乃至到了夏天，如果遇到一个异常阳光灿烂的日子或高于 18 摄氏度的"冰岛热浪"，人们会有专门的"太阳假"来细细品味这样的好天气。这里的气候如此残酷，景观又如此超凡脱俗，以至于美国宇航局 1965年派遣"阿波罗号"的宇航员到冰岛来训练即将进行的月球漫步。

西吉是来自雷克雅未克的一个数字咨询顾问，他说："环境条件很严酷，但是，我们很坚强，我们必须如此。"波尔娜是一个职业心理学家，她也表示同意："冰岛人在一片荒凉的土地上安家，但是我们把它变成了家园。我们做到了。我们从小就告诉自己：Þetta reddast。"冰岛经常被评选为世界上最幸福的国家之一。西吉和波尔娜是我的朋友，他们也是任何人所希望遇到的最棒的那类人。他们都结婚了。跟彼此。真不错。在他们身体里穿梭的冰岛 DNA 以及他们的 330 000 名同胞把冰岛建设得很好。冰岛诞生了诸如比约克[1]、席格若斯乐团[2]、哈尔多尔·拉克斯内斯[3]、银德瑞达森[4]、伊莎·西古达朵提[5]、第一位民选女总统维格迪丝·芬博阿多蒂尔，以及第一个公开的同性恋政府首脑约翰娜·西古达朵提等人物。不只冰岛的人使我们印象深刻。冰岛的马也是一种强壮、肌肉发达、毛茸茸的品种，特别具备"维京"风格，它们常年待在户外，没有毯子或庇护所，仅吃能找到的食物，相当彪悍。长期以来，冰岛这个国家基本上都能轻松搞定一切，直到2008年。这一年，世界上许多国家陷入困境，但最困难的还是冰岛。

这个国家的三大银行倒闭了，引发了有史以来一个国家可能经历的最糟糕的银行业崩溃，考虑到冰岛的国家规模，更是如此。随之而来的便是经济萧条、政治骚乱以及对政府腐败和经济问题处理不当的愤慨。但是，这时冰岛人也向世界展示了他们的 Þetta reddast。"金融危机是一个极其艰难的时期，我们必须得依靠自己的韧性，"西吉说，"我们冰岛人不会随随便便出去抗议游行，但在危机中，我们这么做了。我们每个周末都在那里声明'我们不允许这样的事情发生'。"冰岛人从不会感到无能为力。"相反，我们主动采取行动，"波尔娜说，"我们

---

1　冰岛歌手、演员。
2　冰岛后摇乐队。
3　冰岛作家，1955年诺贝尔文学奖获得者。
4　冰岛犯罪小说作家。
5　冰岛犯罪小说家及儿童文学作家。

带着锅碗瓢盆倾巢出动，去冰岛议会所在的市中心广场要求改革——每周六都如此。"由此引发的"锅碗瓢盆革命"号召政府官员辞职，要求举行新的选举。他们最终如愿以偿了。新政府成立了，到2012年中期，冰岛已经成为欧洲国家中成功复苏的案例。危机期间，该国的整体幸福感只是略有下降，而四分之一的冰岛人认为他们如今比过去更加幸福。

"这是因为我们向自己证明了我们之前认为自己所拥有的能力，"波尔娜说，"这便是 Þetta reddast 的一个例子。"西吉表示同意："韧性植根于我们的 DNA 之中，维京人当初来到冰岛时都不得不生活在黑暗和极寒的天气里，所以我们必须生存下去。"现在的冰岛人从小培养儿童坚韧不拔的品质。孩子们自幼就被要求进行长途跋涉，无论天气如何也要常在户外。因为如果冰岛的孩子们不这样，到了冬季他们就压根儿不会出门。冰岛的信任程度也高，六岁的孩子在冬日黑暗中独自上学这种事并不稀奇。

恶劣的气候也带来了丰富的室内生活。"在漫长的黑暗中，你不得不开始讲故事。而到了夏天，几乎全是白昼，人们的行为又有所不同，"波尔娜告诉我，"首先，你很难入睡，另外也会展开丰富的想象。"Þetta reddast 精神化入了冰岛人几千年来讲述的故事，这个国家拥有丰富的文学文化，可以追溯至长篇英雄史诗（维京人在逆境中的英雄传奇故事）以及一些关于精灵（那些隐藏起来的小人儿）的神秘故事那里。这些故事自维京人在公元 1000 年第一次登陆该岛以来，就成为冰岛历史的一部分。根据雷克雅未克精灵学校校长马格努斯·斯卡菲丁松的说法（我承认他可能不客观），如今有 54% 的冰岛人相信精灵真的存在，90% 的人对这个想法"持开放态度"。冰岛人对孩子们讲的故事也有助于培养 Þetta reddast 的心态。到了圣诞节，冰岛的孩子们所拥有的不是圣诞老人，而是圣诞坏公公，即十三个矮巨怪，名字分别是"摔门的"、"在门口闻味道的"和"在窗外偷看的"等等。他们会在圣诞节之前来看孩子们，搞些恶作剧。我告诉波尔娜和西吉，这些东西听起来让人有点毛骨悚然，但波尔娜告诉我这不算什么："还有圣诞猫呢，没有新衣服的小孩会被它吃掉。"妈呀，这……"是啊，现在看来挺残忍的，但我想这是为了鼓励父母给孩子们织双新袜子吧……"毋庸置疑，冰岛人很清楚他们的阴暗面。这里可没有甜蜜腻歪的迪士尼式儿童故事。

使冰岛在幸福名单上排名靠前的另一件事是，他们都热爱阅读。脑部扫描显示，阅读时，我们在大脑中排练故事的活动、视角和声音，我们的神经通路会得到刺激。沉浸在书中也被证明可以提升人的同理心甚至幸福感。冰岛人的一句常用语是："一个没有书的人是盲人。"西吉说："因为书籍在我们心中占据特殊地位。在冰岛，不论你如何夸大书籍的重要性都不为过。"他们的平安夜有交换图书的传统，每年还会有"圣诞书潮"，大部分书在 9 月至 12 月之间卖出，就是为了圣诞节的赠书活动。每个家庭都会得到一份免费的新出版物清单。说到这里，西吉的眼睛湿润了，他回忆起孩童时期曾经如何对这张清单爱不释手，细细研究他想要的那些书（就像 1980 年代的英国孩子对待阿尔戈斯连锁商店的商品目录那样）。基于这种对书面文字的热情，这个国家比世界上任何其他地方拥有更多作家、更多出版物，以及更庞大的人均阅读量。根据英国广播公司的一篇文章，每十个冰岛人中就有一个人会出版一本书。坊间还流传着一个笑话，说有一天他们将在雷克雅未克建立一尊雕像，用以致敬从未写过书的那唯一一个冰岛人。

这便是 Þetta reddast 的另一个例子。波尔娜解释道："如果我们想要做什么事情，我们不认为会有任何障碍。"所以如果你想写一本书或者跑一场马拉松，去做就是了。Þetta reddast 的意思是一切都会顺利的。"我觉得这种自信与当初的维京人有关，"波尔娜说，"我们是叛徒，我们逃离欧洲大陆，在一个看上去明显很不舒适的地方建立家园。正因如此，我们感到自己很特别。我相信我有能力成事，因为我是冰岛人。我们相信可以做出成绩，而且我们从小就是在这样的教导下长大的，某种活力带领着我们前进。"我这辈子从没像现在这样希望成为冰岛人。"而且这种自信得到了回报，"她补充道，"看看我们的足球队，那种奇迹是怎么发生的？"她大笑。我对足球一无所知，但即便是我这样的人，也依稀记得冰岛队踢得还挺好。"还有 crossfit 健身训练体系，"西吉接着说，"世界上最健康的女性有四分之三来自冰岛。这简直不可思议！"

他没说错。你们应该去关注一下 Katrin Tanja Davíðsdóttir、Annie Thorisdóttir 和 Eldmóður 的 Instagram 账号，会很有启发的。最后那个名字的意思是"火焰之心"。这似乎是所有冰岛人都拥有的东西：他们内心的火焰，是任何零下温度或暴风雪都无法熄灭的东西。波尔娜说："我们强悍，我们坚韧不拔，我们对生活抱有一种 Þetta reddast 的态度，所以我们无所不能！"

# 如何养成 Þetta reddast 思维模式

## 1.

乐观地看待问题。如果冰岛人一年到头几乎都住在冰箱里还能保持积极乐观的心态，那么你也可以。

## 2.

充满创造力。以你现有的条件去努力，虽有不得已，却也可以尽量在那些漫长的冬夜里有所收获。

## 3.

如果外部世界让你不舒服，那就耕耘你的内心生活。读一本书，或者像冰岛人那样，干脆自己写一本。

## 4.

像维京人那样强身健体。锻炼身体、活动肌肉，最重要的是摄入鱼油。冰岛人深信鱼油能提升积极的情绪并使人保持健康。做成胶囊的鱼油也是可以接受的，但对于讲究纯粹的人来说，还是直接用勺子舀着吃吧。西吉告诉我："冰岛有一句谚语：'如果你不是抱着瓶子喝鱼油，你就不是男人中的男人。'"（波尔娜提醒道："但是要空腹吃，然后再吃别的东西，以免打出有鱼腥味儿的嗝。"）现在就开始咱们头发油亮、充满维京精神的革命吧……

印度

—

Jugaad

"足智多谋"

# Jugaad
## "足智多谋"

　　可作名词或动词，来自印度口语，表示节俭创新、尝试做好某件事情（无论用什么方式）的态度和承诺。这个名称来自一种卡车，它由 20 世纪 50 年代被废弃的军用吉普车零件拼凑而成。jugaad 代表了即兴的心灵手巧和足智多谋。它指一种充分利用你所拥有的一切的独特印度哲学。

# 一

## 印度

我的朋友法蒂玛在孟买郊外一间简朴的房子里长大，和她一块儿生活的还有两个亲兄妹、她的父母、祖父母、姨妈和姨父，以及两个表兄弟。"我们十一个人生活在同一屋檐下，所以，尽管这种居住方式给我们带来很多快乐，如此近距离的生活空间使我们不得不搞一些jugaad。"这使她从小就学会了宽容和原宥，然而法蒂玛几乎不可能划出任何个人空间，她也从未拥有过自己的房间。她说："我有时晚上会撞到客厅的床垫，这没什么，但我一直想要一堵墙。"一堵墙？"就是一个我可以张贴海报、贴纸这些东西的地方。那是20世纪80年代，你懂的……"我点头：我懂。1988年那会儿，贴纸就是我的全部。"我没法在客厅里张贴东西，因为我们得为了客人把那里弄得很整洁，"法蒂玛告诉我，"所以我的妈妈做了一点jugaad：她分给我一个柜子，柜子外面必须看起来十分整洁，但是当你打开柜门，里面的空间都属于我。"她回忆起往事时不禁眉开眼笑。法蒂玛的丈夫也是jugaad爱好者。他在果阿的乡村长大，那里没有玩具商店。"所以他以前都用自己在森林里找到的东西做玩具。"他自己制作玩具？我看了看身旁的一堆乐高积木，它们是我儿子的财宝，真令人难为情。"当然，那就是 jugaad。"

这并不罕见。希德是我的另一位熟人，来自金奈。他曾经用椰子树枝制作板球拍。他告诉我："我们还用熨斗烤面包、煎鸡蛋。"他们成功了，但不出所料地搞得一团糟。"第二次，我们进步了，把金属餐盘放到了熨斗上。超好用的。"

jugaad 也叫作印度即兴创作精神、心灵手巧和足智多谋，意味着找到一个快速解决方案，并且用尽一切现有的力量达到你的目标。法蒂玛说："可能这样做并不完美，但你最终会达到目的。"如果召唤 20世纪 70 年代管理咨询师自负的鬼魂，他们会告诉你，jugaad 就是"跳出思维定式"的终极版本。这是印度的一种生活方式。2014 年，法蒂玛才第一次乘飞机离开印度。她现在住在我家北面的那条街上，我们一块儿学一个"自由舞"课程，这是她擅长的一项活动（就是因为jugaad 吧），而我迈起小碎步来像一只受到惊吓的螃蟹（估计因为我是英国人吧）。远在 6 616 公里之外，她对自己祖国的看法揭示了一些引人入胜的新见解。她告诉我，她看到西方世界向东方寻求灵性，还看到西方人认为那里有着比物质生活更重要的东西，这现象是多么有趣。"他们忽略了一个事实，就是西方人仍然想要更多物质方面的东西，而许多印度人还没有获得足够的、可供他们生存的物质。"她还注意到她以前认为理所当然的 jugaad 生活方式原来是一种财富。"jugaad 是指创造条件让事情发生，而不是仅仅坐等理想的情况或条件到来。印度人擅长采取切实可行的办法来进行日常的巧手制作。"换句话说就是"变废为宝"。

"所以我可能会在工作中说'我要做一些jugaad'，"法蒂玛说，"那就意味着'我要想想办法'。"jugaad表示你会尽力确保得到一个积极正面的结果。"但如果事情没有按照我们希望的方式发展，或结果不尽如人意，我们也不会生气。我们会尝试别的办法。我们没时间坐下来忧思，因为忧思是奢侈的。直接换成B计划就行了。"印度有13亿人口，资源竞争激烈，所以每个机会都得通过jugaad得以最大化利用。法蒂玛告诉我她曾在家乡坐电动三轮车去上祷告学校，司机为了增加收入，会临时增加一个座位。"他们会在驾驶员旁边打造一种DIY的架子，或者在正常的乘客座位前面附上一块小木板，塞进去三个小孩，还称之为'校车'。"不了解情况的人往往会对此感到吃惊。"但是在印度，这是可以原谅的，"她说，"因为这样你就可以坐上车，司机也能多挣一点钱。"

其实你并不一定需要更多资源：你可以在有限的条件下进行创新，创造出满足你目前所需的事物。"比方说，我一般不会因为个人生活或工作中的压力而感到恐慌，"法蒂玛说，"因为我总能找到办法。"她有一种自信，认为jugaad是切实可行的行动方式。jugaad的确与女性身上常见的否定自我能力的痛苦形成鲜明对比。我不禁想到，每个工作场合都需要这样的法蒂玛。事实上，jugaad 是一种近年来被管理大师盛赞的方式。剑桥大学的研究人员指出，jugaad 不仅可以使新兴经济体受益，还可以让发达经济体摆脱金融危机，因为它们需要更灵活、更具创造性的思维，消耗更少的资源。这样很好，但这个观念的根基有被浪漫化的风险。用法蒂玛的话来说："许多印度人都依赖于 jugaad 生活，这是因为他们别无选择。"

根据已故的美国心理学家亚伯拉罕·马斯洛的说法，人类需求有五个层次，满足了前一个需求层次才能继续考虑下一个层次的事情。需求层次从基本需求（食物、水、睡眠等）开始，然后是"安全"层次（人身、健康和就业的安全）。满足了前两个层次之后，你才可以进入"归属感"层次（友谊和亲密关系），然后是第四个，即"自尊"层次，最后才到"自我实现"层次，也就是我们生命中最重要的事，即了解"我是谁？我人生的目的是什么？"。但在印度，这个需求层次的三角形是倒置的。法蒂玛说："精神性非常重要，自我实现也是印度人熟悉的东西，但很多人都还在挣扎着满足他们的基本需求。"生命中最美好的事物可以是免费的，但普林斯顿大学和普渡大学的研究表明，金钱可以购买到一定程度的快乐。不同国家和不同研究中，让人满足的数值各有不同（在美国约为 75 000—95 000 美元），但是该数字应当能提供足够的经济保障，能照顾到我们的基本需求，让我们感到舒适富足。即使考虑到区域的差异，印度的平均收入也远远达不到"舒适"的程度。如果你在印度生了病，你去就诊的医院的水平和你得到照顾的程度取决于你有多少钱。在这方面，金钱与幸福成正比。难就难在这儿。

帕米什·沙哈尼是孟买的高德瑞治印度文化实验室的共同发起人兼负责人，他说："印度人不是为了变得更加富有创造力而 jugaad，而是因为他们拥有的机会太少了。我们能借助的事物比别人更少，尽管如此，我们仍能成事。但在印度，这并不是足智多谋的勋章，人们具备 jugaad 的思维模式是为了生存。"坚忍和毅力是 jugaad 发挥作用的先决条件。2008 年，帕米什为他的作品《当代印度的全球化、爱情和（归属）渴望》做调查时，发现 jugaad 在某些特殊群体中更为必要。长期伴侣不能向家人出柜，彼此只在周末相见。他告诉我："这是因为那种关系目前在印度依然是非法的，而且在某些地方仍然得不到社会认可。"帕米什将这种相处模式描述为"恋情–jugaad"，它反映了那个特殊群体的坚忍和毅力。"但那是十年前，至今依然没有变化，"他说，"没人愿意'重新创造性地构想'自己的恋情。"这是一种压力很大的生活方式，但许多人没法接受其他选项，即要么和他们的家人断绝关系，要么和他们的爱人断绝关系。

世界银行的数据显示，印度的贫困现象十分普遍，2.7 亿印度人没有足够的资源来满足其基本需求。"每个新政府都做出承诺，但没有执行过，"帕米什说，"因此，对于许多印度人而言，jugaad 是唯一的选择。"处境安稳时实践 jugaad 是讨喜的，从需求出发去实践它则不是。帕米什说："不过，如果你餐桌上有食物，并且没有人会因为你爱某个人而把你赶出家门，那么 jugaad 就是一件好事。"因为在人们的基本需求已经得到满足的地区，jugaad 可以使你如虎添翼。

法蒂玛也同意这一点："如果你的基本需求已经得到满足，jugaad 可以帮助你抵达马斯洛三角的顶端。可你还是需要那些最基本的东西。"具有残酷讽刺意味的是，这种特别印度式的 jugaad 概念作为一种快乐、成功的生活哲学，在印度之外才最有成效。我们都应该对此感到抱歉。但我们也可以继续努力让这个世界变得更美好，用 jugaad 风格保持坚忍并坚持不懈。永远不会有什么事是完美的，但正如"足够好的母亲"[1] 这一概念拯救了一半人类的理智，"足够好的生活态度"也值得一提，去创造性地充分利用我们所拥有的东西。所以，尽你所能，要有创意，不走寻常路，还有，别只是"跳出"思维框架，干脆把它捣烂。说到底，谁需要什么框架啊？

---

1  "足够好的母亲"是由英国儿科医生、心理学家温尼科特（D. W. Winnicott）提出的，指母亲在看护婴儿时，先满足婴儿的所有需求，但随着婴儿成长，母亲不再第一时间响应婴儿所有的需求，有时会让婴儿经历少量的、短暂的挫败感。这样的母亲不算完美，但已足够好。

# 如何 jugaad

## 1.

在有限的条件下进行创新。如果你没有自己的房间,甚至连一堵墙都没有,那就找一个目前能用的"橱柜"之类的等价物替代吧。

## 2.

变少为多,变废为宝。如果生活给你一根椰子树枝,你就把它削成板球拍。

## 3.

保持灵活性,进行创造性思考。想要一个煎鸡蛋三明治?那就打造你自己的冒牌烤盘,让想法变成现实。

## 4.

A计划行不通?试试B计划吧。别焦虑,永远别生闷气。这是我们大家有望掌握的关于幸福生活最重要的课程之一。

## 5.

想象一下,如果你更经常地说"是的""对的""好"会怎么样。如果你不知道如何做一件事,我打赌你总认识一个知道这事该怎么做的人。别否定你自己的能力,打消恐惧,无论如何也把这件事完成。

爱尔兰

一

Craic

"聊天"

# Craic
## "聊天"

名词，源自古英语中的 crak。18 世纪的苏格兰人（至少到罗伯特·彭斯时期）用这个词语表示"聊天"或"新闻"。19 世纪，这个词语传播到英格兰，开始与八卦沾边，20 世纪中叶又传播到了北爱尔兰。它被吸纳为北爱尔兰语，拥有了新的盖尔语拼写方式 craic，直到 20 世纪 70 年代才得到广泛使用。那时，聊天节目主持人肖恩·班·布里斯纳奇把它用到自己的名言中："我们要来点音乐、闲谈以及 craic！"自那之后，这个词被用于囊括上述所提到的事物以及"普遍的乐趣"。它的用法包括："有些啥 craic"、"那是很好的 craic"以及"这真是超级 craic 啊"。

# 爱尔兰

一只叫作丁尼（"丹尼斯"的缩略形式）的四岁小猎犬正坐在威克洛郡一个酒吧凳上，它看上去很高兴，可能也确实如此。这是星期一的晚上，一群人正在给它齐唱小夜曲。我的朋友尼雅芙只是出来喝一杯，顺便带丁尼散个步，结果现在她站在这群人中间，二十五名当地人围着她唱《悲惨世界》里的《只待明日》。酒吧里没有一个人不是泪眼婆娑的。这就是 craic。尼雅芙是来自都柏林的艺术家兼室内设计师，她敏锐地观察着周遭的世界。因此，关于这个我甚至没法用伦敦周边诸郡口音念出来的词（"听上去就是不对劲！"我告诉尼雅芙。她也同意："是，确实不对劲。"），她是我的完美向导。所以我让她来念。她说："craic 在爱尔兰可能是一个较新的术语，但是这个东西我们一直都有，早在这个词语出来之前就有的。"20 世纪 70 年代之前，人们认为这个词语的意思是"爱尔兰式的"，这个解释不是那么悦耳易记。后来 craic 就变成了现在的意思。而且由于爱尔兰在幸福调查中一直领先于英国，不难推断我们应该能从这座绿宝石岛 [1] 上学到些东西。

---

1　爱尔兰的别称。

"craic 的核心是讲故事，"尼雅芙告诉我，"无论是通过谈话、歌曲或诗歌，craic 就是分享经验。"而且它无处不在。夜晚时分，在酒吧后面，想讲故事的人有十五分钟时间，他们就像站在开放式麦克风前一样讲话，只不过没有麦克风，有时人们也会在家里特别安排炉边聚会。"这些故事可能是新的，比如当天的八卦或新闻，也可能是老早之前的故事。"她说，"有些故事我背得滚瓜烂熟，但从没有亲自读过，例如《里尔王的孩子们》，这个故事里，继母将她的孩子们变成了天鹅。还有一个故事，我的名字就是以之命名的，故事叫《尼雅芙和不老的土地》。"同名女主角爱上了来自欧洲大陆的战士并将他带回了爱尔兰。"可是他后来患上了思乡病。"尼雅芙告诉我。好像这是战士们不可避免都会遇到的事情。"于是她借给他一匹神奇的马骑回家，但告诉他脚不要着地。他一路上都做得很好，但后来看到一个男人正费力搬一块石头，他停下来帮助这个男人，结果不出所料，他从马上掉了下来。"那位不幸的骑士活了三百岁，却再也不能见到他的所爱。这个故事当然令人沮丧，但足够引人入胜，因此可以代代相传，而且这些讲故事的技巧说不定还对爱尔兰取得幸福联盟中令人羡慕的地位有所贡献。牛津大学的心理学家发现，听到令人肠断的悲惨故事可以帮助群体更加紧密地团结在一起，我们的身体还会为了在现实生活中抵御想象的"疼痛"而催生出内啡肽。因此，在群体环境中感到害怕或分享悲伤故事能让我们更快乐，虽然这有点出乎人们的意料。

尼雅芙说："这样的故事一直作为炉边故事在传诵着。"这一遗产催生了有史以来最伟大的讲故事的人。"想想这个只有470万人口的国家有多少作家和歌手吧，"尼雅芙说，"詹姆斯·乔伊斯、乔治·萧伯纳，甚至肖恩·麦高恩（尼雅芙的隔代堂兄）也是一位出色的诗人。这种创造力存在于爱尔兰人的血液之中，并且他们从小就在这方面备受鼓励。还是个孩子的时候，我会拿着一袋薯片和一瓶带着纸吸管的可乐去小酒馆听祖父母讲故事或唱歌。"啊对了，小酒馆。

爱尔兰已成为全世界小酒馆的代名词，社交型饮酒者将很高兴得知，到当地小酒馆转转也有助于提升幸福感。伦敦政治经济学院的研究人员调查发现，当一群无私的志愿者在社交环境中喝酒时，他们的幸福感会提高近11%。作为早期实践者，爱尔兰人一千多年前就发现，与朋友一起喝酒是 craic 的一部分。爱尔兰最古老的酒吧可以追溯到10世纪时位于韦斯特米斯郡的阿斯隆。即使在19世纪的禁酒运动期间，非法酒屋里仍然供应着一种私酒。那是一种蒸馏的马铃薯烈性酒，酒精度数达40%至90%（并且在《时代》杂志的"十大超级烈酒"中排名第四，该数据仅供参考）。"但是爱尔兰人讨厌别人把他们跟饮酒和吉尼斯纪录联系起来，"尼雅芙告诉我，"而且，我敢说英格兰喝酒的人更多。"我们本世纪初在里士满共事时，都很享受在一天的尾声小酌一点儿，我轻轻戳破现实，告诉她时代已经改变了："两小时的牡蛎–海湾–霞多丽白葡萄酒–鸡肉法棍面包的午餐现在已经不存在了。"我们为这种好事的消失哀悼了一会儿。"尽管如此，"她坚持说，"**craic**更多是跟故事有关，而不是酩酊大醉。"知道啦。

这并不是说，爱尔兰人没在气氛到了的时候从剧烈饮酒、《大河之舞》节拍、丹尼尔·奥唐内尔柔声哼唱的 craic 老调中捞到半点儿好处。"在高威或凯里郡，有些地方纯粹是为游客们打造的……"尼雅芙说，"但总体而言，在大多数小镇，人们非常享受讲故事和唱歌。"现代技术多少破坏了过去岁月的氛围，现在很多酒吧都会在背景里放一两台电视机。"通常会播放运动赛事或《智者为王》等节目，简直要把我逼疯，"尼雅芙说，"但如果你正在享受一段很美妙的时光，在唱歌或讲故事，他们可能会为你打开电视机的静音模式。在爱尔兰，这表示最大的尊重。"

这事就发生在尼雅芙身上，我们聊天的前一周。"当时有些乡亲在一个酒吧演奏音乐，大概只有四位客人在那里，"她说，"我的另一半推荐了我，说'哦，尼雅芙可以为你们唱点什么'，然后我想，'行啊，我给他们来一首'。如果你有很好的嗓子，你有义务使用它，这是我们从小到大受到的教育。如果有人让你唱，你就唱。后来其他人加进来，最后我们大家一起唱了那首有着无尽诗句的爱尔兰民谣。我是说，真的没完没了，如果一开始你不知道那首歌，在第十七节之后你就会了。"
尼雅芙和她的新朋友们一直唱到凌晨3点。直到不知什么人喊了一句：
"啊，结束吧！"人们才认为这首歌唱完了。然后每个人都跌跌撞撞地
回家。这就是典型的craic，她告诉我。"心血来潮的、特别的、包容的。
每个人都受到欢迎，而且不一定是讲爱尔兰故事或唱爱尔兰歌曲（比
如《悲惨世界》）。craic在最佳状态下真是……很可爱。你彻底被打
动了，并感到有幸成为它的一部分。"这听起来像是一个非常吸引人
的幸福秘诀。

尼雅芙说："我们爱尔兰人擅长这种寻找快乐的方法。"在她的工
作中，尼雅芙复原了许多旧家具。如果她刮一刮大多数来自20世
纪的椅子或梳妆台表面，她能发现底下有无数的颜色。"你能看到，在
米色、灰色、白色下面，曾有过亮黄色、草绿色、靛蓝色。对我而言，
这很能说明爱尔兰人的精神，我们经历过艰难的时期和可怕的压迫，
但我们找到了一种保持积极心态的方法。"痛苦也催生了一种对所有
美好事物的感恩之心，以及一种随时赞颂日常生活的意愿。就像那种
特别爱尔兰式的、每年1月6日庆祝"妇女圣诞节"的传统一样。这
个日期在大多数基督教文化地区都标志着假期结束，但对爱尔兰人来
说，这是个特殊的日子。经过了假期当中不知疲倦的辛劳，女性终于
能尽情休息了。"十二天来，女人们忙得晕头转向，这显然很不好，"

尼雅芙说，"但现在她们能决定说：'你猜怎么着？我已经削够了土豆皮。今晚我要好好休息。'"1月6日基本等同于国际妇女 craic 日。不客气啦，世界。

"我们爱尔兰人也许会感到忧郁，但我得说我们仍然很幸福，"尼雅芙说，"我的意思是，我们曾经拥有从饥荒到克伦威尔时期四百年的糟糕历史，我们习惯了遭受蹂躏，但爱尔兰仍是一个独立国家。我们经历了艰难的经济衰退期，也已经渡过了危机，我们知道如何享受生活。我们还有很多事要面对，但仍要保持微笑。这就是 craic。"

# 如何体验 craic

### 1.

讲故事给别人听，在别人讲故事的时候也仔细聆听。如果你在婚礼上或晚餐时坐在陌生人旁边，你可以深入探究一下，发掘发掘什么会让他们高兴。

### 2.

去看一部心理惊悚片，看一场恐怖舞台剧，或与朋友分享悲惨的故事，由此与他人建立联系，催生内啡肽，让自己更快乐。

### 3.

做一个时常心血来潮的人，看看你在这个夜晚最终将抵达何处。特殊而难忘的夜晚很少是通过计划得来的，也不会伴随着宵禁。

### 4.

敞开心扉地唱歌。如果可以的话，一直唱到凌晨 3 点。别为明天早起而担心，多想想此刻怎样享受生活。优先考虑与他人一块儿消磨时光，而不是度过一个精心安排的、有组织的、用不同颜色标注的被写成日记的生活（这是我给自己的提醒……）。

意大利

—

Dolce far niente

"无所事事的甜蜜"

# Dolce far niente
## "无所事事的甜蜜"

　　"无所事事的甜蜜"，源自拉丁语，dulcis，意为"甜蜜"；facere，意为"做什么"；nec entem，字面意思是"不存在"。尽管很难确定首次使用的时间（其拥护者因为过于慵懒而疏于记录），这一术语的印刷形式出现在了 18 世纪意大利著名冒险家卡萨诺瓦的回忆录中。他大概是在最终厌倦了自己所有的肉体和地理冒险后，在需要休息时写下了这个词。今天，这个珍贵的概念很少被大声说出来，但是经常被用作 Instagram 上的标签，还通常配有躺在吊床上的意大利人的图片。卡萨诺瓦在天有灵会骄傲的。

## 意大利

忘掉《生活的甜蜜》里面那个黎明时分在特莱维喷泉里划船的安妮塔·艾克伯格吧，想想杀青派对后的费里尼昏倒在吊床上的画面（很可能哟）或者很久以前的一个夏日，你坐在树荫下的模糊感觉，那时你还没有被工作、家庭和那个叫作"生活"的仓鼠轮占去精力。dolce far niente 是一场无所事事的庆祝活动，是灵魂的延展——在世界上其他许多充斥着"忙碌崇拜"的地方相当不受待见。好吧，所以意大利近年来确实没在任何幸福排名中领先，但关于"无忧无虑的意大利人"的俗话仍然存在，而且有充分的理由存在。意大利人的"无所事事"与其他国家的可不一样，而且这门艺术的完善需要格调和技巧，因为它不像表面上那样简单。

弗朗西斯科·德卡洛是一个在罗马出生和长大的喜剧演员，他说："对意大利人而言，dolce far niente 几乎属于一种反叛行为，我们生活在一个腐败严重的国家，不相信法律、规则或社会……我们甚至不喜欢足球比赛里的裁判。我们可是超热爱足球的哟……那我们何不选择撤退呢？我们何不为了保持快乐而尽可能地休息休息？我们国家也相对年轻，我认为这一点很重要。直到 1861 年，我们都一直被其他国家统治，所以我们有点像一个叛逆的少年！"

意大利人素来对权威人物保持怀疑态度，而且通过讽刺的方式表达对他们的蔑视，他们在这一点上有着悠久而著名的历史，不论是对贝卢斯科尼、意大利即兴喜剧还是达里奥·福[1]的作品。意大利近年来面临的问题已经超过了它正常可以承受的程度，经济情况刚刚从二战后最漫长的经济衰退中稍有复苏，金融危机便给意大利人带来沉重的打击。2013年的一项研究发现，意大利的贫困率在之前的五年内几乎翻了一番。失业率很高，即使对有工作的人而言，工作状况也颇不稳定。大多数意大利人反映，他们对国家领导人缺乏信心，而意大利统计局最近的一项调查印证了弗朗西斯科的意见：近80%的意大利人不相信他们的同胞。

"罗马一直是政治、议会、教皇和腐败的都会，"弗朗西斯科说，"我们不觉得国家或社会关心我们，那我们为什么要关心他们呢？"他告诉我，chissenefrega这个词在意大利很常见，大致翻译为"管他呢"。他澄清道："我们当然有感情，老天，我们太重感情了！我们有爱、激情，还有黑手党，就好像极端事件在我们这儿是常态。你在意大利开过车吗？连汽车都在路上干仗。"我告诉他我至今仍常常回想起2013年左

---

1  意大利剧作家、戏剧导演。

右在西西里岛上看见的四辆车车主之间的口角。"所以你懂的！意大利到处都很乱，你唯一可以信赖的就是朋友和家人，"弗朗西斯科说，并补充道，"幸福就在小事上。"

幸福是坐在一个小角落喝着咖啡看世界；是嘲笑游客、政治家和教皇。"其实随便什么事情都行，"弗朗西斯科说，"为了不哭出来，我们必须得笑，所以幽默感非常重要。特别是在罗马，每个人都是喜剧演员。上咖啡的服务员会先停下来对整个餐馆里的人讲一个笑话。你得等一下。"在这几秒钟的时间里，意大利人不会不耐烦地用手指敲桌子或时不时地看手机，他们会放松片刻。这就是 dolce far niente。"英国人执着于日程安排，一切都按时进行，"弗朗西斯科摇摇头说，"他们辛勤工作，下班时就放飞自我，一醉方休。"我在座位上不安地挪着屁股。"但在意大利，我们喝酒是为了享受生活。对意大利人而言，工不工作没有太大的区别，而且我们不太担心未来，chissenefrega，我们只享受当下。"

这种简单的思维模式之中蕴藏着革命性。我们许多人为了寻求放松，去异域旅行、饮酒到断片或选择我们喜欢的其他方式来屏蔽现代生活的噪声。但是，如果我们干脆让那些混沌包围我们，或像沉入热水浴缸一样沉湎其中呢？如果我们把快乐分配到一年当中的每一分钟、每一小时、每一天，让"享受生活"成为现实，而不是为了一年一度的逃离计划而积攒"乐趣配额"呢？意大利人似乎就是这样做的。其他重要的词汇还包括 penichella，类似于西班牙语的 siesta，"午睡"；meriggiare，一个诗一般的短语，意思是"在阴凉处度过一天中最热的时段"；以及 abbiocco，这个名词用来描述你饱餐一顿后萌生的睡意。在意大利，困倦是一种艺术形式，而无所事事的现象已经被庄严地载入词典之中了。

基雅拉说："不论你的家乡是哪里，意大利任何地方的人都擅长 dolce far niente。"这位朋友来自马焦雷湖（"不是乔治·克鲁尼经常去闲逛的那个，是另一个"）。基雅拉现居丹麦，她的同事也是一些与"懒散"这个概念作斗争的国际人士。"一个意大利人可能会说：'你明天不打算做任何事情吗？恭喜你啊！'"基雅拉说，"但德国人和丹麦人听了要吓死了！他们会问：'为啥？你还好吧？'我尝试跟他们解释单纯享受和品味时间的乐趣。对意大利人来说，dolce far niente 就是日常生活的一部分。但他们永远不会理解的！"意大利人不会把 dolce far niente 挂在嘴边，基雅拉告诉我："因为 far 是这个词的不定式不能读出来。"显然嘛……"它更像是一种感觉，"她说，"可以作为 Instagram 上的主题标签。"目前有 200 000 个 Instagram 帖子带有 dolce far niente 的标签。其中一半的主要特色是吊床。酒则在其余的帖子里占据重要地位。

"在意大利，无论下午 5 点的时候你跟谁在一块儿，对方说：'嘿！我们一起去喝一杯！'这是特别正常的事情。"基雅拉告诉我，"可能你孩子还在家呢，但我们不会担心这个，因为在这一小时中，你就是会和此刻与你同行的人共享美好时光，不管对方是谁。"即便他们跟你不是特别亲近也不要紧。"比如我可能会跟健身房一块儿健身的人去喝杯啤酒。"我告诉她我很喜欢啤酒作为"健身后的饮料"这个主意。

dolce far niente 意味着"享受当下"。"对我来说，"基雅拉说，"它是午餐前在阴凉处享用一杯起泡酒，或许是 8 月，这时全意大利的人都放假了，除了坐着吃东西之外也无事可做。"通常会喝酒，而对于许多人来说，食物也占据重要地位。我想着这一点，然后问："但如果你要吃饭，那么肯定得有人做饭呀？""呃……对啊……"她告诉我，"做饭的就是你的祖母啦。或者说，某个人的祖母。"也许从传统上说，祖母们管理着意大利的家庭，她们也负责把家里人喂饱。基雅拉告诉我，她丈夫的祖母已经九十三岁了，仍然坚持做饭给大家吃。"意大利千层面，还有一切烘焙出来的东西。"她一边跟我说，一边回忆起过去的那些意大利面食，她的眼神飘得很远。我告诉她，听上去像是一项非常艰苦的工作呢，她说："那没什么啊！托斯卡纳的祖母们凌晨 5 点就起来准备面食了，她们要精确地使用指尖的力量来揉面。"那么这是 dolce far niente 不可避免的副作用啦？就是让别人来做所有的工作？"差不多啦，"她回答说，"我妈妈现在就是祖母了，她还留着她祖母的擀面杖呢。她告诉我：'就是这个工具！将来某天它就属于你了！'我们的祖母和我们住在一起，从小到大都是她们为我们做饭，我有一些与祖母相处的最美好的回忆。我还是孩子的时候等着吃晚饭，她会取些做饭时用不到的帕尔玛干酪的皮，在煤气炉的火上烤一下，烤到它耐嚼为止，然后用纸包起来给我们吃……"她声音渐渐小了，我们两都暂停下来平静了一会儿，不让口水流下来。"所以，是啊，总得有人做事，但不是我们！"那轮到你当祖母的时候呢？"那时大家都承认你是老大了，但你也得做饭和带孩子，"基雅拉说，"基本就是这样。但我愿意一直如此！"

意大利人为他们的民族文化传统而自豪，从罗马帝国到哲学家们。孩子们在成长的过程中会受关于这两者的教育，但是到了成年时期，意大利人只推崇一种古代法令：carpe diem。"你在今天的意大利仍然会经常听到这句拉丁文，大意是，明天可能永远不会到来，所以你应在此刻好好生活——而且更重要的是要及时消费，"基雅拉说，"社会地位的象征对许多意大利人而言仍然非常重要，人们会认为'幸福'是一辆更大的轿车或一款设计师手包。没人觉得应该量力而行地缩减生活费至可以承受的范围。"即时快乐往往被认为优先于长远的幸福，正如基雅拉所说："你的社会地位比银行余额更重要，因为外表很重要。"

这是我记忆犹新的事情。有段时间，我浸淫在服装杂志里。各个时装周期间，我闲荡在纽约、伦敦、米兰和巴黎。米兰对我来说一直是亮点，不只是因为意大利面，也不是因为那里的服装最时尚（并非如此，该让法国人赢得这份荣耀）。我所爱的是那些过分丰富的流光溢彩：一场范思哲秀的五彩斑斓、雍容华贵和勃勃生机；杜嘉班纳不折不扣的夸张戏份（他们的旗舰店/豪宅都是值得一看的景观）；以及华伦天奴或莫斯奇诺登峰造极的"把所有东西都扔到人体模型上面看看效果"的创作方式。"意大利不存在极简主义，"基雅拉说，"在世界任何地方、任何国家，我大约五秒钟就能认出谁是意大利人。"弗朗西斯科表示赞同："我们是孔雀。"

意大利这个国家充满矛盾。它是激情和闲散。它是及时行乐、事后偿付。它是 carpe diem，接着才是天主教的罪过以及待在忏悔室里的宝贵时间。"我们相信自己的职责会来的，"基雅拉说，就像她母亲的擀面杖，总要有人做饭，"只是当你体验 dolce far niente 的时候，尚且还没轮到你来做事。时候还没到。"可能得先打个盹。要么先来一杯普洛赛克白葡萄酒。

# 如何体验 dolce far niente

## 1.

在工作日中途休息一天，这一天什么都不做。不要告诉任何人，以免他们用计划填满你的时间（或者更糟糕的情况：给你安排家务）。尽量享受一些 dolce far niente。

## 2.

回到你的"正常"生活轨道上去了吗？别把你的空闲时间用来查邮箱或者在脸书上看销售部的莎丽假期都做了啥，尽量什么也不做。

## 3.

说真的：什么事都别做。平日晚上和周末都退出你的账号。

## 4.

小睡一下。现在去度假时，我最期待的就是全家一起小睡一觉。真的，这是天赐之福。

## 5.

还是神经紧张吗？已经过了中午了，没有严重的健康问题需要顾虑吧？那必得去个地方享受鸡尾酒时光啦。为什么不喝一杯？或者来点儿意大利面？还是两者都要？ Chissenefrega！

日本
一
Wabi-sabi
"侘寂"

# Wabi-sabi
## "侘寂"

　　侘寂，由表示"简朴"的"侘"（wabi）和表示"凋零之美"的"寂"（sabi）组成，是一种强调接受世事无常和缺憾的世界观。"侘寂"主张欣赏事物本来的面目，抛弃一切追求"完美"的审美理念，沉醉于现实生活的质感、复杂性及其不足之美，譬如不对称的脸孔、疙疙瘩瘩的蔬菜，或有裂痕的锅子。

# 一
## 日本

在世界上所有不可译的概念之中，"侘寂"必是其中最难掌握的一个。十年来我在日本住了些时间，研究这个国家，在电视上大开眼界，亦未能参得个中三味。对于这一概念，我费了老大劲儿，才稍微对它有个一知半解。但最合适的类比似乎是："家有一老，如有一宝。"来自广岛的设计师雪子解释说："家中老人是很受尊重的，在日本文化中，'老'不是坏事。年纪大说明你有历史，更具有价值。"年龄越大，越有智慧。如今这一点比以往更重要了。日本虽是人均寿命最长的国家之一，国内生产总值高得惊人，全国各地书店的货架上堆满了如何提升自我的书，但日本并不是一个充满幸福感的国家。都市隔绝感和日益扩大的年龄代沟使许多人坦陈在大部分时候感到彷徨迷失、充满压力、焦虑不安。但是，不忘过去，珍视旧物，而非一味沉迷于闪亮新奇之物，这样的"侘寂"所提供的或许正是生活之道。

雪子自幼从祖母那里学到了许多。"她过去种稻米，会说：'神在每一粒米中。'"雪子从小就被教导，幸福的关键是敬畏大自然和生命周期，这也是"侘寂"的基本原则。雪子以前会去田地里帮祖母务农。每天，田地周围都会长草，这些草会汲取稻米的营养和水分。"我们每天都把它们割下来，"她告诉我，"第二天，它们又长出来了。但这就是大自然！我们要懂得尊重自然界的力量，尊重它所有不完美之处。自然界瞬息变化，每种事物都有它的生命周期。"有时作物繁茂；有时则不然。有时气候利于丰收；有时却不会。但在日本文化里，无论如何你都心存感激，你就自己所拥有的一切去做到最好。

"我们学着欣赏缺憾，"雪子说，"我觉得'佗寂'类似于英文里的'绿锈'一词。"只不过，在英语世界中，事物不太容易因为它们的绿锈而得到珍视。旧皮椅的扶手上有了裂纹？换成更好的吧。脸上有笑纹？把它填平。我那生完三个孩子的肚皮？一辈子穿穆穆袍吧。（没人会说："我不觉得我的皮肤太松弛了，这只是'绿锈'而已。"）我跟雪子提到这一点，她说："在日本不会这样。我们尊重那些陈旧的、经常使用的物品，不管是人还是陶器。"

金缮是一种古老的日本艺术，指专门用金属漆修复破裂的陶器，这样裂缝非但不会被掩盖，反而通过纯金得到强调甚至赞美。在金缮艺术里，疤痕上镀了金，它的美不以瑕疵为憾，却因瑕疵而彰显。裂痕即美。金缮珍惜旧物，重复使用它们，还能使之比新品更有价值。这就是"佗寂"。

但日本文化对错误并不总是如此宽容。"我们通常不喜欢失败，"雪子告诉我，"在日本，我们太害怕犯错，甚至遇到外国游客问路时，对自己的英文不太自信的人便只会说：'不了解，抱歉！'他们不会在可能犯错的情况下去冒险指路。"工作中的错误更被视为一场灾难。"如果这是我自己可以解决的问题，那也许没关系。或许吧……但如果我得告诉旁人，朋友、家人等等，我会羞愧难当。"她说。悖论即在于此。日本是一个习惯了高标准的同质化社会。这些标准对世界其他地方来说有"完美主义"之嫌，但在日本却司空见惯。日本人都了解佛教观念中"接受"和"放手"的理论。但在现实中，许多日本人竞相把勤奋、精细和尽责提升到可怕的程度。

"过劳死"在日本是一种职业风险，通常包括中风、心脏病或自杀等后果。2016年，日本政府发布了第一份关于"过劳死"的白皮书，报告显示，五分之一的员工因超负荷工作而面临死亡风险。日本人比其他发达国家的人工作时间明显更长，而且员工通常只休不到一半的年假额度，所以职场压力很普遍。"这是一个严重的问题，"雪子坦言，"甚至于流行文化术语中对于像'生命的意义'这类词的定义，在其他国家都是与幸福相关的，但在日本却仍关乎责任而非享受。因此你'生命的意义'或许是你的工作或你的家庭，但并不意味着它们就会让你幸福，只是说你要为了它们努力工作而已。而且无论什么事，我们日本人都尽力而为。"

那么"侘寂"究竟体现在哪儿？"在幸福的片段里，"雪子告诉我，

"我们努力工作，然后回到大自然好生休养，重新焕发活力，能量满满。都市里二三十岁的人通常周末都尽量去野外，以这种方式得到休息。"

"侘寂"的概念认为，四时更替中蕴含美与深意——不论是落叶，还是飘散在风中的落英，或是爬满青苔的石头。雪子告诉我："这使人心境平和，压力得到舒解，让我们准备好回归日常生活。"美由纪是来自东京的一位同事，她也表示赞同，她补充道："'侘寂'强调的那种不完美似乎更贴近我们的人性，因此能赋予我们一种平静放松的心灵感受。当我们体味'侘寂'时，我们的心灵仿佛得到了安宁，哪怕只有片刻。""侘寂"还可以让我们精神焕发，"换个视角看待日常生活"，她说。即便你的会议开得一团糟，苔藓仍在你最爱的林中树上生长了，窗前绿植又开始吐露新芽。

比较重要的活动还有泡温泉及赏花，就是汇聚一堂欣赏花事（尤其是赏樱）的文化活动。还有一种非常棒的"深林游"或称"森林浴"的日本风俗。"森林浴"不用水，就像日光浴一样，只要在森林里、周围树木丰茂即可，并且要全身心地投入其中。日本千叶大学 2010 年的一项研究发现，受试者在森林里散步之后，血压和皮质醇（压力激素）的水平都降低了。日本生理人类学会的一项研究也证实，森林浴甚至能改变脑部活动，帮助心情放松。

摒弃所有带有表演性质、画面完美的对幸福的表演，例如别在网上发一些"到自然中去获得宁静"的状态，无视那些我们在 Instagram 上接收到的轰炸。要真正恢复精力，休整状态，去野外消磨时光。在此之后，你可以回到忙碌的工作和紧张的通勤中，回到你的家人身边，重新焕发活力，随时准备应对生活给你准备的难题。"侘寂"不是消耗精力，而是一种可持续的生活方式，它使你能同时掌握自己的过去和现在，让自己与两者和解。忘掉"全新的你"：这是旧的你，焕活如初的你。这就是"侘寂"。

"我们并不是每天都记得要这样做，"雪子说，"但这是理想状态。我们坚持用'侘寂'的方法使自己快乐，保持理智。我们知道这是获得健康和恢复精力的办法。"因此，即使现代生活变得太忙碌而我们又害怕失败，"侘寂"是"重置"自我的一种方式。我不是一个饱经风霜的残骸，不仅仅是过去自我的外壳，不是由免洗洗发水、咖啡和意志力组合而成的：我是最高级别的金缮制品。我们都是我们自己的"侘寂"杰作：我们的裂缝和伤痕应当镀金，让所有人都看到。

# 如何体验"侘寂"

## 1.

欣赏旧的、长期使用过的以及被别人爱护过的事物。不论是领取养老金的人还是陶器（以及孕育过宝宝的肚皮……）。

## 2.

改造旧事物，为它创造新的价值然后一直使用它。用金缮修补那只破了的碗。给一件家具找到新用途。养成可持续的"侘寂"风格的生活习惯。

## 3.

找到你能够修复精力的地方。在森林里、公园、河边，或者任何你可以体验大自然的不对称和奇迹的地方。

## 4.

开始了解自然界的美，无论是花开或花谢，即便只是在窗台上放一盆新的盆栽也好。注意叶子颜色的变化，观察花瓣如何一片片落下。

# 新西兰

## 一

## Tūrangawaewae & Haka

## "人有权存在的地方" &
## "哈卡舞"

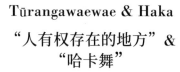

# Tūrangawaewae & Haka
## "人有权存在的地方" & "哈卡舞"

　　tūrangawaewae 是毛利语中的一个名词，源自 tūranga，意为"站立的地方"，以及 waewae，意为"脚"。它的字面意思是"一个站立的地方"或"一个人有权存在的地方"。这是早就出现的一个词语，但直到 20 世纪 60 年代才首次有了记载。tūrangawaewae 现在用来表示赋予我们力量、使我们感到与之相关的处所，是我们体验到身份认同、独立意识和归属感的地方。

　　haka，"哈卡舞"，名词，指毛利人在仪式上集体表演的一种节目，表演中还会伴随步伐一致的动作，其中通常包括跺脚、喊叫和强有力的手势。大约自 13 世纪起，波利尼西亚人首次抵达这片岛屿，而 haka 则随着新西兰的体育队伍走向了世界，尤其是它的全黑队队员自 1905 年以来就在每次国际橄榄球比赛之前表演 haka。

# 新西兰

我赤脚蹲在一个全是陌生人的房间里，所有人一齐移动，高喊："Ka mate, ka mate! Ka ora, ka ora!"[1] 我放下了三十八年来郁结的情绪。我觉得自己得到了支撑，拥有了力量。而且我与周围的人神奇地产生了联结，尽管我们今天早上才初次见面。我还相信，作为一名英国人，我通过表演 haka 侵占了某种高级文化。但是，来自北部地区的那缇卡湖部落的凯恩·哈内特–穆图告诉我，没关系："毛利人已经教化欧洲人几百年了……"他说这话时冲我眨巴着眼睛，但他的话却不假。毛利人经常被誉为"英国人唯一无法征服的原住民"，而且不像许多其他文化，他们的文化很大程度上保存完好。不出所料的是，这个过程挺不容易的。这就是为什么 tūrangawaewae 和 haka 在毛利人关于幸福和美好生活的观念中如此重要。

在传统的毛利文化中，没人占有土地。凯恩说："你拥有你的 tūrangawaewae，一个你可以站立的地方，但是所有人与你共同拥有它，你们一起为下一代照看好这片土地。"他解释说，毛利人唯一的职责

---

1 一首哈卡舞曲里的歌词，大致意思为："我死了，我死了！我活了，我活了！"

是"将这片土地传递给后辈，要把它照看得比当初交给我们时的状态更好"。这很可爱。但英国人出现了（我照例在这种时候代表我的祖先道歉）。17世纪，欧洲人来到新西兰，带来了巨大变化，但最初他们与毛利人的关系是很友好的。1840年，英国人赋予毛利人不可剥夺的权利，报答他们允许欧洲殖民者在这里获取资源。两种文化和平共处。"我们很适应这些人的到来——我们学得很快，"凯恩说，"而且我们也吸收了他们文化中的精髓。"

然后欧洲人变得贪婪起来（是吧，太不像我们的作风了！呃，不对……）。愈演愈烈的土地争议引起了19世纪60年代的冲突，殖民政府没收了毛利部落的大片土地，导致许多人没办法再获得他们的 tūrangawaewae 了。情况越来越糟（更详细的解释请参考西蒙·沙玛[1]等人的介绍），长达百年的压迫开始了。到了20世纪60年代，毛利长老要求学校限制使用传统语言，因为他们担心它不利于下一代进入职场。"不经意间，我们的文化濒临消失，"凯恩说，"因为没有语言你就无法维系一种文化。"

新西兰各地的部落领导人开始意识到他们需要采取行动。"我们知道不能依赖政府，所以我们必须依靠彼此，集中我们的资源。"凯

---

1 英国历史学家，哥伦比亚大学艺术史讲师、评论家。

恩说。于是1982年，"语言巢"项目开始了，毛利语幼儿园得以建立。在这里，老年人可以照管年幼的孩子并教授语言。通过直接影响孩子，他们可以将文化传递给下一代。"这让我，还有大部分如今四五十岁的这代人毛利语突飞猛进，"五十二岁的凯恩说，"不过，比我年轻的人都有机会通过新开发的社区语言课程或学校课程学习毛利语。"他们还在学校、大专院校和工作场所成立"haka团队"来教授哈卡舞。

凯恩澄清道："这不是因为我们太愤怒了，也不是因为我们突然就想要与他们对抗。"他解释说："人们对haka有误解，他们看到了全黑队队员，强大而自信的一群男人组成的团体像交响乐团一样出去打比赛，于是人们认为haka的力量与橄榄球的侵略性有关。但是脱离体育范畴，你就会看到haka对毛利人来说真正意味着什么。"haka有上百种不同的类型和风格，有一些专门是为婚礼而创作的，有一些主要由女性表演，而另一些是为孩子们创作的，甚至还有专门用来激励职场员工的haka。"haka与侵略性无关，"凯恩向我保证，"它也不算阳刚。"他解释说，在毛利文化中，力量和情感表达完全是同一回事，而且摆出姿势、睁大眼睛狂野地瞪视目标、吐出舌头，是为了强调表演过程中的某些特定词汇。他说："haka是沟通、团结，它最终是关于爱的。"

人们通过表演haka来欢迎贵宾、庆祝成功、纪念欢乐或悲伤的时刻。但haka的效果始终是人们的团结，是身体、心灵和精神的重新联结。haka 并不是私人的事情，凯恩还告诉我，相比个体的快乐，毛利人更享受集体的快乐。凯恩告诉我："总是要大家在一块儿人们才会感到满足，一起体验心满意足的感觉。幸福是所有人共同享有的一种价值，如果某个人不快乐，那他所在的群体就会联合起来让聚会的基调变得愉快。"haka 就是这样一种集体文化，以至于连"毛利"这个词的意思也是"正常的"或"普通的"，最初用于区分普通人与传奇故事及口头传统中的神灵和灵魂。凯恩说："我们几乎是一起经历所有这些事，也包括 haka。最后，大家都能够满意、快乐地注视着彼此。"

多亏这些语言项目，更多的毛利人能够了解 haka，而随着毛利文化教育计划的扩展，年轻的部落成员能够重新获得更多与他们的文化相关的知识。自 20 世纪 90 年代至 21 世纪初，毛利族群为他们过去遭受的种族迫害寻求赔偿并且进行谈判，最终接受了价值逾 9 亿新西兰币的协议，其中多是土地交易。这种方式从现实意义上留存和保护了部落成员的 tūrangawaewae，还确保将来的毛利人也可以体验 tūrangawaewae 的幸福。一个人的 tūrangawaewae 总是与他人有关，并且总是在人群中共同分享的。只是毛利人直到现在才获得法律保障，确保它不再被滥用也不再被剥夺。

凯恩说："我们的文化和我们展现 haka 的方式也变得更实际了。"世界其他地方的人对 haka 非常好奇，把它当作某种促销手段，用于销售从姜饼到掀背式轿车的各种东西，毛利人虽然原则上对他们的传统非常慷慨，但很介意别人表演和展现 haka 的方式。"我们反对别人恣意滥用我们的文化。"凯恩告诉我，他解释说毛利人会不遗余力地保护他们的"天赋／礼物"。他说："但 haka 的基本思想是普世的，每个人都可以体验它。"

前毛利党联合领导人马拉马·福克斯鼓励在世界各地教授 haka，认为这有利于推广毛利文化。正因如此，那缇卡湖的长老认可并且祝福凯恩"开辟和分享回溯那段历史和通往祖先的道路"。凯恩因此一直在欧洲宣传毛利文化，如今已有二十年。这也是为什么我最终会接受他让我尝试 haka 的提议。

凯恩的 haka 工作坊开始时有一个握手的仪式，我们抓住彼此的右前臂组成一个"生命螺旋"。凯恩说："这代表我们分享各自的能量，并且愿意将它注入这次旅程。"我们伸出左手去触碰彼此的肩膀，提醒自己我们站在先辈的肩膀上。我意识到在我故乡的文化中，人们很少致敬或提到自己的长辈，除非可能偶尔在某个周末烤了好吃的烤肉，那时人们会说："外婆知道了会很骄傲的。"这是一件好事，有人提醒我们应该对谁感恩，是什么使我们走到今天。凯恩继续解释说，他的目标是"协调人们通常没能意识到的一种凌乱的能量，用他们能够理解的方式，将这种能量归还给他们"。这真吓人。"我的原则是，人的灵魂讲述的故事永远是最真实的，即便你试图隐瞒，它最终总会显露出来。"

我的灵魂非常想隐藏我的故事，但是通过在陌生群体中使用手掌、手臂、腿、脚、嗓门、眼睛、舌头乃至整个身体，我发现我正在体验一些前所未有的感受。作为 21 世纪的淑女，我不习惯占用太多空间。我也不习惯大声说话、喊叫、跺脚，或是 haka 所要求我做的任何事情。这件事如同革命一般，让我脱离了自己过去所坚守的舒适区。这让我觉得 haka 对于参与其中的现代女性的确非常有益。最后我筋疲力尽，泪流满面。而我想做的就是回到家里，回到我家人身边。这就是我的 tūrangawaewae。这，显然，就是整件事的重点。

"西方人压抑了很多情绪，"凯恩说，"而 haka 就是以开放的心态释放这些东西，让人们完全融入集体之中。在内心深处，我们都需要一个 tūrangawaewae。"

当今时代已经不赞成部落主义和战争了。今天也不应鼓励任何人，尤其不鼓励男人进行侵略。我们可以多去尝试的事情是什么呢？就是感恩、诚实地对待我们的情感，并且认识到我们的根在何处。

# 如何找到你的 tūrangawaewae

## 1.

闭上眼睛想象，假如明天就是世界末日，你会怎么做。

## 2.

你会和谁共度时光？你们会去哪儿？现在就到那里去，珍惜那个地方，珍惜那些人。永远如此。

# 如何体验 haka

## 1.

在网上看一段 haka 表演，给自己一些时间和空间，静静感受它带给你的感动（有人刚刚在这儿切洋葱了吗？）。

## 2.

如果你认为自己很勇敢，可以去找一找你身边的 haka 活动（由毛利人指导的，谢谢，请欣赏他们的文化，而不是恣意挪用）。

## 3.

暂时不要压抑情绪了。相反，你该敞开你的心胸释放情绪。不一定要哭，但一定要时不时地离开你的舒适区。

## 挪威

—

### Friluftsliv

## "空气自由的生活"

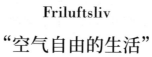

# Friluftsliv
## "空气自由的生活"

　　名词，意思是"空气自由的生活"或"户外生活"。这是一个哲学术语，挪威剧作家亨利克·易卜生在他 1859 年的诗歌《在高原》中写到这个词，使其得以普及。易卜生用它来描述为了身心健康而去偏远郊区漫游的价值。现在这个词也被邻国的瑞典人和丹麦人采用，但挪威人仍是这种生活方式的楷模。

# 一

## 挪威

星期一早晨，气温是零下 5 摄氏度，艳阳天是好久以前的事了。我正笨手笨脚地努力搞定我这天的第一杯咖啡，一边痛心昨晚袭来的暴风雪至今并没有减弱的迹象。但与我同享自助早餐的伙伴很是乐观。这些模特般的北欧超级物种包裹在全套滑雪装备里，迈着沉重的步子四处走动、寻找腌鲱鱼，一边讨论如何在上班前好好热热身。无论雨夹雪或大雪天，还是任何一种欠佳的天气，都不会阻止他们的 **friluftsliv**，而且他们似乎都擅长这一点，真是令人震惊。我在奥斯陆为自己找到了工作，这里拥有世界一流的博物馆、令人印象极其深刻的餐厅，以及至少在我看来过多高大健硕的斯堪的纳维亚半神像。如果你比较自卑，就不适合来这里了。

这是挪威，斯堪的纳维亚半岛尖端分叉的一对钳子，给我们带来爱德华·蒙克、亨利克·易卜生和 a-ha 乐队的国家。挪威人口仅 530 万，其公民享有北欧福利模式的所有好处，还拥有大量石油作为安全保障。石油支撑着它的财政收入，占国内生产总值的四分之一。除此之外，挪威最近取代丹麦夺得联合国"地球上最幸福的国家"称号，还在过去六年中被《经济学人》智库的全球民主指数评选为"世界上最民主的国家"。但真正使挪威充满诱惑的是该地区的自然属性。

这里的本土物种包括北极狐、狼、鲸鱼、姥鲨、驼鹿和北极熊，用我那四岁孩子的话来说，就是"所有那些特别酷的动物"。挪威以冰河时代结束后被海水淹没的陆上深槽（也就是山脉、冰川和峡湾）闻名，这里的景观壮美得一塌糊涂。挪威拥有引以为傲的低地，如欧洲最深的湖泊霍宁达尔湖，还有永冻层高地。这里的山峰拥有譬如"格利特峰"这样童话般的名称以及梦幻般的美景。而这就是friluftsliv的用武之地。

"它是我们很重要的部分，它表明我们是什么人，又是怎样的人，"埃里克·萨尔维森用抑扬顿挫的标准西海岸口音对我说，"对它最好的解释是它的字面翻译'自由空气的生活'，但这并不能完全涵盖它的意思。你得亲自体验friluftsliv才能彻底理解它的含义，理解它对挪威人有多重要。"我和埃里克相识于2013年，那时我代表《卫报》采访他在豪格松推出世界上第一座维京主题公园（这个地方就是"不那么迪士尼塑料式的"，这里的游乐项目"多是扔斧头和剑术技巧什么的"）的事情。他非常热衷于将维京文化中的精华带给更广泛的受众，这些精华便包括friluftsliv。

"挪威地广人稀，所以大多数人到野外只需一两分钟，很方便，"埃里克说，"狩猎和捕鱼对挪威人而言一直相当重要，特别是在峡湾地区。"而且，虽然挪威人过去在自然界中消磨时间是为了生存，现在他们这样做是为了娱乐休闲。"friluftsliv 有助于滋养我们的灵魂，"埃里克说，"即使在大城市，"他停下来纠正自己，"好吧，我们只有一个大城市，这么说吧，'即使在奥斯陆'，大多数人都可以去山里的小屋住住。friluftsliv 太重要了，我们不能没有它。"他将户外活动描述为"精神性的"体验，还补充说："在大自然中，你会感觉不一样。那里有不同的能量。它的美丽震慑人心，但我们随后通过活动放松自己，美妙的景象则让人平静下来。"对埃里克来说，这是一种积极的冥想方式（"而且我们挪威人相比其他欧洲人而言算是很冷静的了"）。他喜欢每天都去，大多数人则每周"至少"会进行两到三次冒险。"这是非常社交型的活动，你可以和朋友家人一起，带上食物，在野外花上一天的时间。这样的活动包括了沉浸于大自然的体验、热闹的玩耍、美食和人与人之间的陪伴。"埃里克继续说着，一边列举所有已证明对我们的健康和福祉有益的属性。

挪威的孩子生下来就学习 friluftsliv，他们六岁开始上学，从此便常在户外。"我们还有另一个词，fjellvant，意思是'习惯于在山间行走'，"埃里克说，"这对各年龄段的人来说都很日常。"挪威的 fjellvettreglene（也叫作"山地代码"）鼓励尊重自然，这对挪威文化至关重要，因为挪威人似乎很喜欢登山。"登山能给你一个目标，"埃里克解释说，"如果你在野外遇到挪威人，他们的登山目标往往是附近最高的山峰。"我告诉他这听上去很辛苦。"是的，这就是重点。你必须努力才能达到。我们有一句名言：'你得先苦后甜。'登顶后你会得到 kos，代表挪威语中的 koselig，也就是"享受舒适"，就像丹麦人的 hygge 一样。"

挪威人获得的终极奖励是冬季之后的 utepils，第一杯在户外享用的啤酒，用来庆祝那即便不温暖至少也"稍微不那么冷"的天气。"当你接连数月都渴望着到外面的阳光底下去，到不那么黑暗的地方去，没有什么比 utepils 更美好的了。"埃里克沉思道，"特别是在峡湾里享受新鲜的明虾……"他欢天喜地地说着，声音逐渐降低成耳语。那什么时候会出现这种"不像之前那么寒冷"的日子？"幸运的话，通常是 4 月份，虽然还可能再往后推迟……无论我们认为 utepils 该是哪一天，报纸上总会刊发人们享用第一杯啤酒的照片。"这就跟英国长期以来神圣的新闻传统中，总会刊发一位上镜的女学生打开她的 GCSE[1] 成绩的照片一样。好像所有挪威人都认同这件事。

与他们的斯堪的纳维亚邻居一样，挪威的民众因为他们的集体经历而精诚团结。因此，如果挪威人没能在同一天享受 utepils，或没聚在一起参加户外活动，他们会聚集在电视机前实现他们的替代式

---

1　英国会考，参加学生年龄一般为 14 岁至 16 岁，就读高中的第 10 年级和第 11 年级，完成课程后参加公开考试，取得证书后可报读英国高考课程、大学基础课程等。

friluftsliv。

过去十年，挪威广播节目中最大的成功是"慢电视"：实时播出看似普通的事件全貌，且通常是一些与大自然有关的事件。2009年，挪威的公共服务广播公司（NRK）向120万名观众播出了长达7小时的火车旅程中的窗外群山和峡湾景色，自此，这个概念受到了热烈欢迎。他们还向挪威观众播放了沿挪威海岸为期五天半的邮轮旅程中的景色，这场节目占领了挪威电视收视率36%的份额。其他的慢电视成功案例包括一场关于生火和燃烧着的火的12小时节目，一个18小时的鲑鱼捕捞特辑，以及168小时的驯鹿迁徙直播。不能说这些节目是你平常习惯的娱乐大片，但正如NRK的一位制片人托马斯·赫勒姆告诉我的那样，"它完全是friluftsliv式的"。

我初识托马斯的时候，"慢电视"还处于起步阶段，没人认为它能流行起来，可它现在已成为挪威出口到世界各地的电视主打产品，甚至在奈飞上也收获了一批忠实追随者。我为当初质疑过托马斯而向他致以姗姗来迟的歉意。他说他已经原谅我了，因为他刚滑完雪，正在回味他的friluftsliv。那是一个星期二的下午1点。不错嘛，我想。"'慢电视'能成功是因为挪威人都热爱大自然，山山水水之类的东西。我们看到的漂亮画面仿佛在对我们所有人述说，它们滋养了我们的灵魂，"托马斯说，"挪威人有一些根深蒂固的东西。大自然是大多数挪威人的梦想，而如果你拿走 friluftsliv，某些东西就消失了。"我向他提起埃里克的理论，即挪威人在靠近一座山的时候最容易神志不清，他咧嘴一笑说："我们确实很喜欢登高。从那里望下去，人们看起来都很小，烦恼也是如此。其他国家的人往往不明白这一点。"具体哪个国家？"丹麦，"他毫不犹豫地说，"也许还有荷兰。就那些很平坦的国家。"在没有高地的国家，人们也有其他登高的方法，但在挪威，他们执迷于登山。"人们可能会对我们说，'离登顶也就剩最后二十米了，为什么你一定要走完？你已经看到美景了啊……'但是对挪威人来说，想都别想！"托马斯摇摇头，"挪威人有一些念头根深蒂固：去户外，爬山，或者从山上滑几次雪下来。我们每周都必须这么做一到两次，如果时间不允许，我们就看别人这么做。"他最新的"慢电视"节目内容是一群志愿者耗费逾四周的时间在四座不同的山里散步。"白天是直播，晚上则拍摄他们建造营地的过程。第二天早晨，我们直播他们如何制作简易午餐然后再次出发。"真是扣人心弦。

那他们会去哪里？

"任何地方！"托马斯告诉我，"这就是精彩之处。friluftsliv 是所有挪威人的权利。这片土地属于我们所有人。"自 1957 年以来，挪威颁布了一项《户外休闲法案》，该法案规定："只要考虑周全并小心谨慎，民众可以在一年中的任何时候徒步穿越偏远地区的庄园地界。"因此，所有人都可以自由漫步，甚至可以去私人土地上漫步，还可以搭帐篷，从鸟鸣声中醒来，在篝火旁吃早餐，然后为午餐觅食。"只要你考虑周全，随身携带你的食物，没人会阻拦你，"托马斯说，"一切都在那里等待着你。而且，这本身也是一种挑战。"这是因为挪威人还有另一样赞不绝口的东西：天气。

"我们挪威有很多种天气，"托马斯承认，"它决定了你的一天——你是否需要重新安排会议，是否可以开车。所有事。我们有两个季节：'春–夏'和'冬'。"接着他纠正自己，"除了我居住的卑尔根。在那里，一年分为'湿润的季节'和'更湿润的季节'。"

但挪威人不会被一点儿雨／雪／雨夹雪所妨碍。

"如果雪太大很难走，我们就选择滑雪，"他轻松地说，"不管发生什么我们都很积极，因为你得先努力才能获得休息。大多数挪威人认为你必须为了做事而付出一些东西，与各种因素做斗争，付出体力来赢得它们。当你在阴冷雨天爬完了山，你便可以好好享用你的晚餐。"他坚持认为如果你先爬了山，食物的味道会感觉更好。"而且我们一直知道，在我们之前的人，我们的祖先，他们运用肌肉和力量去做了实际的事情，所以我们要问自己：我们今天成就了什么？我们攀越了何种山峰？我们去哪儿了？这些是 friluftsliv 的重要部分。这就是挪威的幸福。"

# 如何过一种 friluftsliv 的生活

## 1.

攀登每一座山——它们屹立在那里等待着被征服。而且，远眺时视野中的一切看上去会更美。

## 2.

总是先苦后甜，通过努力去挣得你的午餐。先玩 / 爬山 / 远足 / 滑雪，然后再放松。

## 3.

无论天气预报怎么说，都到户外去。没有恶劣的天气，只有穿错的衣服。

## 4.

慢下来，无论是看电视，还是观赏风景的四时变化。

## 5.

享受一次 utepil，随便哪款你爱喝的酒，在一年中初次放晴的日子里去野餐。

俄罗斯

—

**Azart**

**"狂热"**

# Azart
## "狂热"

名词，意思是热度、兴奋、热忱、狂热或激情，也包含鲁莽和冒险的意味。这个词来自法语中表示"机会"的 hasard。这是一种情感，表示对成功的预期，无论它是否现实。这个词通常用在游戏或冒险的事情上，譬如爱情或轮盘赌桌。

## 俄罗斯

在俄罗斯这个大国，人们戴的帽子大，情绪更大。这个国家并不因幸福而闻名。想到"俄罗斯"，我们大多数人可能会联想到普京、苏联时代，或其文学遗产（承蒙契诃夫、托尔斯泰、屠格涅夫、陀思妥耶夫斯基和普希金等大家所赐，你知道的，就那一大堆）。莫斯科最近被评选为世界上最不友好的城市，据称他们禁止俄罗斯儿童在学校里微笑（大约是要读太多普希金了……）。可我们西方人是不是误判了俄罗斯呢？西妮娅是我一个朋友的朋友，来自乌拉尔山脉的车里雅宾斯克。在一个寒冷的星期五，她向我介绍了 azart 的概念。它跟我们理解的幸福不一样，至少不是"逍遥自在"的那层意思。它颂扬着兴奋、热度，以及最重要的：激情。

"我们会用 azart 描述游戏中无法停止的感觉——就像在情绪的巅峰，"西妮娅说，"它有点儿'一股激情'的意思。它也跟俄罗斯的幸福息息相关。我们民族情感丰富，人们常常在情感支配下做出很多决定。闭上眼睛，让兴奋的情绪做主。"因为 azart 是对兴奋感的渴望：徘徊在某种使俄罗斯人对生活充满热忱的事物边缘，这种美妙的痛苦值得我们借鉴。

温斯顿·丘吉尔形容俄罗斯有一句名言："谜团里的奥秘包裹着的一个谜语。"或者用西妮娅的话来说："俄罗斯是一个彪悍的国家，我们会发明一些独特的方式来享受生活。"她告诉我，外界对俄罗斯人有很多误解："他们认为每个人都很暴戾，人人都跟俄罗斯政府一样。但我们不是这样的。我们是一群受到伤害的灵魂；我们的民族非常独特、善良，却受到国家的苛刻对待。"俄罗斯人的心态中也包含着某种宿命论："我们就像蟑螂一样可以在任何情况下生存，我们还学会了对自己拥有的东西感激不尽。"许多俄罗斯人别无选择。苏联时期，衣服、食品甚至房屋都是凭票分配的。"你挤在人群中，有人把物资扔给你，"西妮娅说，"人们还是会感恩有人给了他们东西，任何东西，因为他们什么都没有。所以，我们尽量利用已经拥有的一切来生活。"

　　正是在这样的背景下，一种不同寻常的幸福诞生了。azart 是某种强烈情感的源泉，要在任何可能的时候抓住它，让它支撑着你。俄罗斯素来以家庭为导向，传统上又伴随着父权制。"对女性而言，从小到大的使命非常明确，'做个妻子'。男人回到家，厨房里应该随时备好了食物。你的任务是煮罗宋汤，做爱，生孩子！"西妮娅告诉我，"对男人来说，则是'找到一份好工作，有一个干净的房子，一个"好"妻子和孩子'。"这些都是贺卡上的内容。"有句古老的俄罗斯谚语说：'只要你建造了一座房子，种下一棵树，生下了孩子，你的生活就算成功。'的确，这就是大多数人所渴望的。"西妮娅说。直到 20 世纪 90 年代，苏联解体，人们开始想要更多东西。汽车、钱、房子等等。每个人刚工作时都很年轻，并且尽力走在前面。西妮娅说这种状态"完全专注于结果"而不是享受过程。因此，俄罗斯特殊的幸福观念并不是要培养一种平静、满足、长久的幸福感，而是要用双手抓住稍纵即逝的快乐瞬间。

西妮娅说，azart 也可能跟天气有关（剧透一下：俄罗斯很冷），因为俄罗斯人不得不寻求热量。"无论是在现实层面还是在精神层面。"她解释说，如果一个俄罗斯人在街上撞到你，他不会停下来说抱歉：人们普遍接受的游戏规则就是赶快进入温暖的室内。但是，一旦到了室内，一切都会升温。我在研究俄罗斯的幸福时遇到的另一个概念是 posidelki，即"厨房谈话"，照字面意义理解，就是和亲友们围坐在厨房桌子旁谈论任何事情，所有事情。这是有道理的。与朋友和家人的亲密关系、一定程度的联系频率，以及敞开心扉的谈话，几乎被全球所有相关研究证明是幸福的核心组成部分。只不过在俄罗斯，谈话会迅速变得热烈而沉重。

"我们会直接进入非常深刻的话题，"西妮娅说，"所以不像英国人擅长闲聊、表现出礼貌之类的。"她一边翻白眼，一边用牵线木偶的手势展示英国人的表现，"我们俄罗斯人直接深入钻研。当然，得喝酒。"肯定啦。酒精与幸福水平有着危险的关系，但如果巧妙利用，可能是建立人际关系以及……嗯，拥有一个非常美好的夜晚（参见"爱尔兰"）的关键。我的编辑费力地向我指出，酒精绝不属于健康的支柱之一。不过，如果它真是的话，俄罗斯人都会十分健壮的。根据牛津大学的研究，俄罗斯的酒精消费水平在全世界名列前茅，俄罗斯人平均每人每年饮用20升伏特加。饮酒活动在该国文化中如此根深蒂固，以至于他们还有个词语专门用来描述数日的豪饮狂欢。直到2011年，他们都还认为啤酒度数不够高，不配算作酒。

当谈到人际联结和幸福的话题时，俄罗斯的领土面积也发挥着作用。除了"厨房谈话"之外，西妮娅还热情地提到另一种俄罗斯风俗所带来的愉悦："火车谈话"。俄罗斯是一个地域如此广袤的国家，你可以花七天时间乘火车穿越其国土，跨越十一个时区。大家都在车厢里分享食物、聊天。"所以，有人可能会拿点烧鸡，其他人可能会拿点酒，在旅行前你不认识的这些人会跟你一起生活、一起吃饭、一起聊天，"西妮娅说，"直到你们从火车的另一头下车，然后像朋友一样告别。"这种想法真是亲切，但作为一个英国人，我不相信跟陌生人困在火车里的一周能真正带来什么幸福。

我向西妮娅指出这一点，她承认："好吧，确实受了点罪，但是，我们俄罗斯人喜欢受苦。"啊哈，这肯定就是我没搞懂的地方了。西妮娅补充说："抵达任何一个大城市站台的前两个小时，你都不能上厕所，以免粪便落在轨道上，所以这时你也得忍着。还没有淋浴间，我们得踩在连接两个车厢的车钩上，拿一瓶水冲冲自己的身子，或在任何靠近湖边的站台前跳下火车，跳进湖里洗洗。就是受罪，但我们喜欢这样。我们承受着 azart，它是我们的一部分。"

不必要的痛苦（比如划掉待办事项清单上的条目）能给我们带来多巴胺刺激，让我们觉得自己取得了一点成绩，但我不禁感到俄罗斯人把这事升级了。当西妮娅的同胞到达目的地时，许多人找到另一种忍受折磨和寻求热量的方式，那就是去俄罗斯桑拿浴室，即 banya。许多俄罗斯人认为 banya 是幸福生活的关键因素，而且是每周日程的一部分：有些人每周日都会去，为接下来的一周做准备，工人们甚至会在 100 摄氏度的 banya 里开会。住在斯堪的纳维亚半岛的我有很多桑拿体验，但俄罗斯版本的桑拿似乎将"受折磨"作为标准。除了让自己大汗淋漓，俄罗斯人在他们的桑拿浴室里吃吃喝喝（通常是"胡吃海喝"），然后"用白桦树枝使劲抽打自己，再出去让大雪覆盖他们全身"。（他们喜欢受罪。）

西妮娅说："游客经常对此惊恐大叫，问道：'你们为什么要鞭打自己，又出去冻感冒？'但这是一种来自我们的历史和宗教的文化。在我长大的地方，做弥撒时你得一直站着——没有座位，圣诞节和复活节期间你还得整晚在教堂里度过。我奶奶已经八十岁了，还走四十分钟的路程去教堂，每周两次。因为她想要受苦，这样才配得上她所拥有的一切。复活节时，耶稣背着十字架走过，她觉得她也需要这样做。她背着大十字架去教堂的路上跌倒了，摔断了腿。我告诉她：'奶奶，也许这不是个好主意……'可她告诉我：'不！我摔倒是因为我在走路时想到了不好的事情，这是上帝对我的惩罚……这很好。我受苦了，现在我可以开心了。'"这让我在家乡小城漏风教堂里忍受的糟糕茶点相形见绌。但这种精神使人们在隆冬时节六英尺的积雪中，或只是在异常艰难的时候还能继续前行。人的精神力量很强大，而且也许，只是也许，我们的内心深处都拥有这热量、这火焰、这 azart。通过深入谈话、自由饮酒（注意：饮酒不是必须），并抓住人生向我们扔过来的一切，也许我们的 azart 可以支撑我们，帮助我们渡过难关，使我们配得上即将到来的幸福。

# 如何体验 azart

### 1.

冒个险，扔骰子。我们大部分人都能打破限制和警告，尽管冒险使人心惊肉跳，它也令人兴奋。兴奋能带来快乐。

### 2.

尝试避免无意义的闲谈。下次有人来吃饭时，在厨房桌子旁进行一次极为深刻、慷慨激昂、很可能受到伏特加催化的对谈。

### 3.

像俄罗斯人一样，为你的下一次多巴胺刺激吃点儿苦头。在寒冷彻骨的日子里散步，投入一项你一直推迟的耗费精力的任务中，或者找到离你最近的桑拿房（也可以选择用桦树枝鞭笞自己和在雪地里打滚）。你会喜欢你所选择的自虐行为带给你的感受的。

# 南非

—

## Ubuntu

"我在你身上找到我的价值，
你在我身上找到你的价值"

# Ubuntu
## "我在你身上找到我的价值，
## 你在我身上找到你的价值"

名词，来自班图语中的"-ntú"（意为"人类"）和"ubu"（用于组成抽象名词"人性"的前缀）。这个词自 19 世纪以来便得到使用，意思是"我在你身上找到我的价值，你在我身上找到你的价值"；它包含一种相互联系的意味，并认为全人类之间存在着普遍联结的纽带。班图语是班图人的语言，适用范围跨越非洲中部、南部以及非洲大湖地区，但在过去三十年间，南非人一直宣称 ubuntu 是他们人本主义的生活准则。

# 一

## 南非

2013 年，全球电视屏幕上播放了纳尔逊·曼德拉的追悼仪式。巴拉克·奥巴马正在约翰内斯堡的索韦托发表悼词，在那激情澎湃的致辞进行到一半时，他说："南非有一个词，ubuntu，这个词语可以描述曼德拉最伟大的天赋：他认识到人们以某种隐蔽的方式联系在一起，人类是一个整体，通过与他人分享事物、爱护我们身边的人，我们才能实现自我。"那是我第一次听到 ubuntu 这个词，那时我还太年轻，无法彻底意识到它对于反种族隔离运动的重要性。但它让我印象深刻。而且，有段时间，我还对它稍稍痴迷了一阵。

"这是应该的。"维西告诉我。他是我一个朋友的朋友，来自自由州省的韦尔科姆市。"ubuntu 是一种道德的生活方式，对幸福至关重要。它与感情联络有关，主张与他人和平融洽地相处，这是人性的关键。"太夸张了，维西，太夸张……"但这是真的，"他告诉我，"如果周围的人都不开心，你怎么开心得起来？"他说得有点道理。ubuntu 是哲学术语，与传统的社群价值观也很有关系。"而且这就是我们南非人的特点。"维西说。

这一概念最初记载于 1846 年，用于表示遭遇了残酷殖民的非洲人民对恢复尊严的需求。南非人后来用 ubuntu 来主张他们自己的身份和价值，以反对殖民者曾经强加在他们身上的殖民身份和价值。乔丹·库什·恩古班在《非洲之鼓》（现为《鼓》杂志）中的写作让这个概念在 20 世纪 50 年代流行起来。到了 20 世纪 70 年代，ubuntu 已成为表达非洲人本主义特定的简略用语。20 世纪 90 年代，ubuntu 走向全球，成为反种族隔离运动的指路明灯，它甚至还出现在 1993 年通过的《南非过渡时期临时宪法》中。当纳尔逊·曼德拉 1994 年成为该国第一位黑人总统时，他着手解决制度化的种族主义问题，促进各方和解。"你存在,所以我存在"的概念似乎能作为现代南非的定义。德斯蒙德·图图大主教将 ubuntu 当作一个神学概念进行宣传，以此推进他作为南非真相与和解委员会主席的工作。在关于他的书《上帝有一个梦想》(2004) 的采访中，他告诉弗兰克·李普曼博士："ubuntu 是人之为人的关键因素，它的意思是我们通过其他人而成为人。单独的我们不能完全被称作人类。我们为家庭而生,生而相互依赖。事实上，我的人性牵扯在你的人性之中，当你的人性得到提升，我的人性也得到了提升。同样地，当你丧失了人性，我也不可避免地丧失了人性。"

ubuntu 重视他人的生活和幸福。它意味着"同情"和"尊重"，维西表示，今天它被视为促进相互理解和慷慨的道德原则。我们所有人都对 ubuntu 负有集体责任，群体通过认可和欣赏个体差异而得到发展，而不是反对和忽视。因此，虽然社会主义怀疑论者担心强制性的共享机制从长远来看会让每个人都变得更糟，ubuntu却主张我们在帮助他人的同时也能改善我们自己乃至整个社会的命运。"它是包容的、拥抱一切的，"维西说，"而且它可能是我生命中所信奉的最重要的一课。"

然而，不是有人一直告诉我们，不要把世上的麻烦都扛在自己肩上吗？如果我们太在意、太关心每个人，我们难道不会被这种同情心拖累得疲惫不堪吗？答案是否定的："因为'每个人'都是你的家人，"维西说，"他们让你成为你。"他说的这句话并不是从字面去理解的意思，而是指我们与人类的关系"总是比靠血缘所维系的更为广大"。ubuntu意味着对我们周围的人说："我理解你的挣扎。我很欣赏你的经历。"我们都在经历各种各样的旅程。

纳尔逊·曼德拉的自传《漫漫自由路》记录了他在罗本岛度过的二十七年监禁生涯。他比我们大多数人都更有理由对这个世界感到恼怒，拒绝再去承担它带来的痛苦和问题。但正是因为ubuntu，曼德拉从未有过这样的想法。2006年，南非记者蒂姆·莫迪斯采访了曼德拉，询问他如何定义这个概念，曼德拉回答说："我们年轻那会儿，横穿一个国家的旅行者在某个村庄停下来时不必乞讨食物或水；他一停下便会得到人们的热情款待，人们会给他食物。那就是ubuntu的一部分。"

ubuntu并不是说我们不该照顾自己，用曼德拉的话来说，ubuntu

的意思是我们也有义务使"我们社群的能力得到增强","促使其进步"。通过这种办法，ubuntu 保证我们能拥有一个开放的社会以及对所有人而言都算是可持续的未来。

那并不是说，今天的南非随处可见得以实践的 ubuntu。不平等很常见，腐败也很普遍，就像维西说的："南非仍然不是一个幸福的国度。"ubuntu 可能受到现代生活的挑战。维西提醒说："媒体经常告诉我们，为了开心，我们需要更多的钱，或需要看上去是某个样子、穿成某个样子。我们生活在一个满是 iPhone 和互联网的世界，人们专注于他们的财物。但这不是 ubuntu，而且，渴望更多的财物长期来讲只会让我们不快乐。"曼德拉内阁的前部长杰·奈杜转型成为政治及社会活动家，他在著作《改变：从今天开始策划未来》中指出："我们需要回顾我们走过的路，打造 ubuntu 的精神。我呼唤那些在 1994 年为我们创造过政治奇迹的价值观。"2017 年，他告诉南非的《新闻 24》栏目："我们必须共同创造一个崭新的未来，在那里，我们拥有人性、爱和同情心。我们不仅要把它写下来，还必须依照它生活。"

所以，不要只是阅读关于 ubuntu 的文字，要活出它的价值。

体谅你的男女同胞，无论他们来自哪里、以什么为生、拥有多少财物。就像维西所说的那样："我们必须利用 ubuntu 超越限制，去挑战我们前进道路上的任何障碍。"

# 如何过一种 ubuntu 的生活

## 1.

选择原谅。是的,这很难,而且很痛苦。但它几乎永远是前进的最佳办法。

## 2.

由衷欣赏你自己的旅程。它可能不像某些人的生活那样充满戏剧性或典雅高贵,但它属于你。认可它,你能更好地前进。

## 3.

珍惜那些让你成为你的人。请记住:不只是有血缘关系的才是家人。向全人类敞开你的心扉。

## 4.

关心更多人,包括你不认识的人,即便报纸上那些令人绝望和悲伤的图片令你痛苦。因为他们都是生命。德斯蒙德·图图说过:"我很遗憾,人们必须受苦。"

## 5.

丢掉笛卡尔的"我思故我在"吧(我从没想过我会写下这句话),是时候给汽车保险杠换一个新的哲学贴纸了:"你存在,所以我存在。"

## 西班牙

—

### Tapeo & Sobremesa
### "去吃小吃" & "桌边谈话"

# Tapeo & Sobremesa
# "去吃小吃" & "桌边谈话"

　　tapeo，动词，由名词 tapas 和后缀 eo 组成。它是非正式俚语，用于表示与朋友相约上街，一起到酒吧喝一杯，再吃点东西。这是西班牙的神圣传统，也是许多人对幸福的定义。

　　sobremesa，名词，由 sobre（意为"在……之上"）和 mesa（意为"桌子"）组成。意为"桌边谈话"，用于表示大家吃完饭后仍在谈话的那段时间。

# 一

## 西班牙

想象一个非常温暖的夜晚，你出门都不用带外套（对我们很多人来说都不可思议，我知道。但就这么想着吧……）。太阳落在地平线以下，鹅卵石铺就的街道依然散发着怡人的热气，闪烁着某种期待；空气中弥漫着一种感觉：即将到来的夜晚只为快乐而存在。现在想象一下，你最喜欢的一些人出现了，你们一起散步，只是为了采购某类小吃和点心。也许你会喝上一杯葡萄酒，或许是马提尼酒，还可能来点鱿鱼圈。你们聊天、吃喝，然后换到另一个酒吧再来一轮。接着再来一轮。再一轮。直到你决定结束这个夜晚，你知道所有人都已经享受了美好时光。这听起来不诱人吗？这就是 ir de tapeo（"去吃小吃"）。这就是西班牙人的幸福。

"tapeo 在西班牙意味着一切，无论你是哪里人。"迭戈告诉我。他是来自安达卢西亚的平面设计师。"即使你住在乡下，每周六晚也会从村子里坐公共汽车出来。"我的朋友玛塔来自圣塞巴斯蒂安，她证实了这一点："难以想象没有 tapeo 的生活，你可能在星期六晚上七点半出门，还不知道夜晚最后会在哪儿结束。"玛塔告诉我，他们通常是一手拿着一杯酒精饮料，另一只手拿着零食，在酒吧或街上站着享用。西班牙人聊天、吃饭、喝酒，然后走到下一个酒吧重复这个过程，直到完成了"至少三轮"或者光顾完"七个左右"的酒吧。

迭戈说："如果你还是二十多岁的年纪，你的外出将会持续到第二天上午 11 点左右，那会儿又该吃蘸巧克力酱的西班牙油条了。"迭戈正值二十几岁的年纪。"然后呢，如果你已经三十多岁，"他想到这儿几乎颤抖了一下，"可能是早上 5 点或 7 点。四十多岁的话，也许凌晨 2 点，但不会更早了！"你第二天不会感觉像死了一样吗？"当然会！"他告诉我。但显然这没什么，因为你知道会感觉不好，所以你没有别的安排。西班牙人不吃早午餐这种东西。"我们会说'啥玩意儿？这可是周末！为什么你要在中午之前起床？'不行。就是'不可以'。"相反，被 tapeo 搞得疲惫不堪的西班牙人可能会在下午 1 点吃早餐，下午 3 点吃一顿清淡的午餐。然后把头一天的事情再做一遍。

"在西班牙，没有食物或饮料就称不上社交活动，"玛塔说，"你在每个地方都会稍微吃点儿东西，所以几个小时之后你基本上等于吃了一顿饭。"在很多酒吧，买酒时，小吃都是免费的。"通常没有地方可坐，"玛塔说，"你得像罐头里的沙丁鱼一样站着，但正是因为你站着，所以感觉更有活力，你可以更自由地融入人群进行社交。"大量研究表明，从健康的角度来看，站立比坐着更好。梅奥医学中心的一份报告发现，每天站六小时甚至可以将肥胖风险降至三分之一。好吧，所以仰脖儿吞下桑格利亚酒时可能会中和一些好处，但是站着喝酒总比摊在椅子上喝更好,对吗？对吧？"我倒不知道这个,"玛塔皱起眉头，我这才想起她是一个设计师，不是医生，"但出去社交、站着，肯定会给你带来不一样的体验，让你觉得活力焕发。"而且西班牙讨人喜欢的气候有利于人们在户外消磨时光。

一年中大部分时间，西班牙阳光普照，为其 4 650 万名居民反复提供使人心情愉悦的维生素 D，而且西班牙的冬季不需要冬眠。即使在较冷的月份，西班牙人也能安排好他们的 tapeo，这很不错，因为科学已经证明，经常与朋友接触以及在户外消遣有益于心理健康。玛塔认为，在 tapeo 的概念中，与人共同相处的部分最具吸引力："光是跟别人在一起就会带来非常强烈的兴奋感,"她告诉我，"感觉就像我们都在享受这种集体体验。一起享受。"迭戈也同意："光是走上街头、看到人们正在享受美好时光，就会让你感到开心。哪怕你不认识他们，噪声和快乐也是会传染的！"

西班牙人喜欢一块儿做事。他们也喜欢发泄。"没有什么比晚上出去好好玩儿一把然后抱怨一通更美好的了,"玛塔说，"而且发泄能让我们开心。"20 世纪的哲学家巴斯克人乌纳穆诺认为，抱怨能帮助我们与同伴交流，他在《我的宗教》一文中写道，"每当我感到痛苦，我都会大声喊出来，而且我都公开这么做"，以"唤起别人心中悲伤的和弦"。墨尔本大学的研究也发现，抱怨可以是一种情感宣泄。玛塔和她的伙伴一直本能地知道这一点。"我们真的很喜欢抱怨钱的事情，譬如税收，或是我们的工资，或是现金不够撑到月底。西班牙经常在幸福评级上得低分，我们也有很多政治问题……"她一边挥舞着一只手，一边这么告诉我。我认为她这个动作总结了包括西班牙内战、佛朗哥独裁以及2008年起持续近十年的大萧条在内的一切。"我们要抱怨的东西太多了，"她告诉我，"但在某种程度上，我们喜欢这种夸张的感觉。"与大多数拉丁人民一样，西班牙人拥有天然的外向性格，足以让北欧和亚洲人感到困惑。"我们喜欢分享自己的私生活，"玛塔说，"什么都不掩饰。夸张的戏份在这里是正常的。从朋友那里获得的支持对我们感觉像一种放松，如果你不分享，你就不会得到这种松弛感。我们希望体验这些强烈的感受并且表达自己的感受和想法，这几乎是一种自豪感的源泉，"她告诉我，随即补充道，"只要有激情，就有生活。"好吧，你这个洛尔迦[1]……"把我们戏剧般夸张的生活告诉别人，还有吃吃喝喝，"她说，"那就是西班牙人的幸福。但主要还是食物……"玛塔身材纤细，但她的饮食准则一直是："吃到你的裤子都绷紧了，然后解开一颗扣子继续吃。"

---

1　西班牙文学家。

玛塔真是好榜样。

食物是西班牙人过上美好生活的基础，玛塔还告诉我每个地区以自己的特色菜为荣："你可以在加利西亚吃到最好的海鲜，在巴伦西亚吃到最好的西班牙海鲜烩饭。"安达卢西亚的人非常爱吃鱼，他们甚至还有诱饵自动售卖机（套用我澳大利亚的朋友让的原话："如果你见到这种东西，请务必告诉我。"）。玛塔说："你也可以在安达卢西亚找到最棒的西班牙冷菜汤，我们巴斯克地区的小菜也很有名。"巴斯克文化的另一个显著特征是"美食社团"现象，指的是让人聚在一起烹饪和享用食物的美食俱乐部。玛塔告诉我："你和其他家庭或朋友一起做饭、吃饭，大家一起聊天，这很有趣。"但这也是一项艰巨的任务。玛塔说："如果你负责招待，你得确保有足够供一百个人食用的食物，哪怕你们一共只有五个人。"根据经验，你得"把食物摆得满满当当，看不见底下的桌子才行"。这需要时间。"你可能会花十个小时做饭，"玛塔说，"但之后你可以放松一下，坐下来聊天。"

西班牙语中有个词语专门用来表示吃完东西后发生的对话：**sobremesa**。这个词通常与吃得太多而动弹不得有关，**sobremesa** 的意思大概是说你被自己的胃的重量压在椅子上了。这种美好的感觉意味着你别无选择，不得不和跟你分享面包的人进行头昏脑涨的、放松的、高碳水状态下的对话。大多数西班牙人难以想象美好的生活居然会没有 sobremesa。sobremesa 的过程可以持续 20 分钟到几个小时不等。玛塔说："如果你跟人约 3 点钟吃午饭，那么你知道至少晚上 8 点之前不能再跟其他人有约。"这正是因为 sobremesa。"它就是纯粹的快乐，"她告诉我，"别人为你做了这么多食物，它是你表达感激的方式。"在西班牙，吃饭可以是几代人共同享受的事情，饭店欢迎人们携带儿童前来用餐，也欢迎大多数社交聚会。不一定要饿了才能吃，玛塔告诉我，西班牙词典中有另一个极好的词：gula，意思是仅仅为了品味而进食的欲望。这是每个自认贪吃的家伙都能认同的感觉，但可悲的是这个词在英语词典中还没有找到可以对应的词汇。

西班牙人的幸福是将社交与食物结合起来：站着吃或坐着吃，他们都不介意，只要有足够多的食物，他们就能很好地相处。玛塔的原话是："西班牙人会享受生活，因为我们会吃。"

# 如何尝试 tapeo

## 1.

如果你的家乡没有开胃菜文化，请建议当地酒馆开发一些可供应的食品，或者去你可以步行到达的朋友的公寓里吃点什么。

## 2.

组织一帮人和你一起去。tapeo 可不是要你独自反省。找点零食，找点朋友，吃点儿，喝点儿，开心点儿。

## 3.

到户外去。如果只能住在寒冷的乡村，那就多裹一些衣服在身上，热到出汗，假装你在很暖和的地方（我称之为"干洗浴"）。

## 4.

别倒在第一关。如果你去第一家酒吧玩得不尽兴，请保持信心：第六家可能为你准备了无尽乐趣……

# 如何体验 sobremesa

## 1.

忘掉你母亲曾经教给你的一切，不要一吃完东西就站起来收拾桌子：安静地坐一会儿，看看接下来会发生什么。

## 2.

如果你的饭友还是习惯饭后立即跳起来，请鼓励大家都再多吃一些，倒一点酒，直到大家都被自己的肚皮钉在椅子上。然后开始哲学思考。

瑞典

一

Smultronställe & Lagom
"野草莓园" & "刚刚好"

# Smultronställe & Lagom
## "野草莓园"&"刚刚好"

smultronställe，名词，最初的意思是"野草莓园"（源于表示"野草莓"的瑞典语 smultron 和表示"地方"的 ställe）。这个词语自 20 世纪初开始使用，那时，它成为人们逃离世界、撤退到田园生活的代名词。现在它被用来形容一个可以休息放松的安静处所、你最喜欢的地方，到那里去可以忘记你的烦恼；通常是别人不太容易找得到的地方。

lagom，副词或形容词，来自瑞典语单词 lag，即"队伍"。根据民间传说，lagetom（即"在队伍周围"）是维京人曾使用的一句话，指的是大家依次传递装满蜂蜜酒的牛角或羊角，使每个人都能公平得到他的那一份，不是太多，也不是太少。这个词在现代用法中缩略为 lagom，含义不变，指"刚刚好"。

# 一

## 瑞典

想象一个你可以光顾而又没人知道你在那里的地方，或者，即便他们知道，他们也明白不能打扰你。这是一个当你感到有压力、疲惫或不堪重负时可以去的地方。它是你的幸福小地。也许是一片阴凉的小树林，或是附近公园里的一处安静角落，或是你最喜欢的咖啡馆，甚至可能是你自己家的后院。反正是一个被低估的、低调的胜地，它通常具有情感上的价值，能让你感觉更好。这就是你的 **smultronställe**。

"**smultronställe** 对瑞典人而言具有非常特殊的意义。"汉娜说。她来自马尔默郊外的一个村庄。"每个人都拥有这么一个地方，而且各人的都有所不同。当我需要获得能量时，我就最喜欢去这个地方。"瑞典是出了名的"幸福"国度，有着平等主义的理想，经常在全世界的幸福民意调查中名列前茅。那么，一种 lagom 的生活方式加上私人化的 smultronställe，有助于强化瑞典人的幸福感吗？汉娜认为正是如此。

许多瑞典人都是从艾尔莎·贝斯蔻的经典童书《森林里的小宝贝》中初次接触到 smultronställe 这个概念的。这本书出版于 1910 年，书上画着亚麻色头发的孩童，他们用签子穿起野草莓，放在一片厚厚的、像稻草一样的梯牧草上。"森林里的小宝贝们"住在一棵古松根部的深处，成日与松鼠一起玩耍，采集野生浆果，雨天则在毒蘑菇下避雨。"我现在还能在脑海中想象那画面，"汉娜说，"伴随你成长的那些画面永远不会离开你。而且这是所有瑞典孩子夏天会做的事情，"她告诉我，"在那厚厚的稻草叶上放满野草莓，然后吃掉它们。我现在还和我的孩子们做这件事，它让人想起那些无忧无虑的时光。"这种给人以安慰的田园牧歌将人带回到少年时期，它在瑞典人的意识中如此牢固，乃至于英格玛·伯格曼在1957年拍摄了一部同名电影，讲述一个男人打开一扇门，发现一切都还如童年时那般。

除了怀旧之旅外，你的smultronställe应该是一次从世界的逃离。克里斯蒂安说道："我的smultronställe是附近森林中的一小片林间空地，秋天到来的时候，我知道我总能在那里找到鸡油菌蘑菇。"克里斯蒂安来自乌普萨拉。他还告诉我，许多瑞典人都渴望孤独，所以会选择一个附近不可能有任何人出没的smultronställe。"人少的时候，我们比较能感觉到幸福。我们不太介意孤独，我们只是会想：'多么美妙的静谧！'"克里斯蒂安说。"我们喜欢独处，"汉娜也同意他的说法，"总的来说，我觉得我们瑞典人的情感更加私密，不那么喜欢表达我们的感受。我们甚至还看起来好像不太高兴，但我们就是不喜欢大声说出来。"不论是与瑞典人一起工作，还是在这个国家出差或旅行，我观察到他们的民族性格中存在一定程度的忧郁，这种忧郁看起来完全可以忍受，人们甚至渴望这种忧郁。仿佛花时间进行郁郁的自我反思是人之为人的重要内容，我们不该与之对抗。在瑞典和在挪威一样，艰辛使得快乐更加值得。而且大多数瑞典人都满足于自己的命运，或者更确切地说，满足于他们的"刚刚好"。

我正在哥特兰岛的一家酒店里写作，就在斯德哥尔摩海岸附近。这是一家号称四星级的酒店。很干净，服务还行，但跟"奢华"沾不上边。这儿有一张床，早餐供应黑麦面包，还有一个淋浴间。但也就这样了。其余则是功能上的极简，符合我对这个为世界带来 lagom 一词的国家的期待。我也是慢慢才认识到这一点的。

"lagom 是大多数瑞典人看待生活的方式。"克里斯蒂安说。他从很小的时候就开始了解这个概念。"我最喜欢的童年回忆之一是有人问我：'你想要多少食物？'我回答：'lagom。'有人问：'你吃饱了吗？''我吃了 lagom。''这些新衣服你穿着合适吗？''是的，它们 lagom 大。'lagom 的意思是"充足的""足够的""这么多或这么久就行"，诸如此类。这个术语表现了典型的瑞典式人生观。克里斯蒂安提起詹代法则——斯堪的纳维亚式生活的十条规则（见"丹麦"那章），他告诉我："从小到大，我们坚信自我吹嘘是不好的，甚至不应该穿让你脱颖而出的衣服……"我低头看看我那有着荷叶边袖子、胸前印着单词的针织套衫，一边尽量拨弄头发挡住我的超大耳环。"我们不喜欢太过吵闹，"他说，声音如此轻柔，让我也把声音降低了一分贝，"在瑞典，占地方也会被鄙视。我们不是……"他本来想说"美国人"，但换了种说法，"我们不会跑到不认识的人面前然后……"此时他模仿了一下爵士乐的手势，接着又对自己的展示感到尴尬，就好像由于他刚刚模仿了一个更加外向的国度的人而侵犯了我的个人空间。"我的意思是，即使是丹麦人也比我们更外向。还有挪威人！他们滑雪……还有那股高兴劲儿……"他这么说的时候，仿佛这是一件不好的事情。"好像斯堪的纳维亚半岛有一个从外向到内向的曲线图，挪威在最外向的一端，接着是丹麦人，瑞典人在中间的位置，最后是芬兰人。"克里斯蒂安说。"芬兰人已经谈不上 lagom 了，他们甚至不一定会与人交谈。我们开玩笑说：'至少在瑞典，我们会说"干杯"。芬兰人只是埋头喝酒。'"我喜欢这么有感情的北欧圈内笑话。"但我们的共同点是都热爱大自然。"他说。

就像 smultronställe 表达了人们对自然界的深情及许多瑞典人在其中所发现的平静和复原力，瑞典语充满了用来描述户外生活方方面面的词汇，这些词汇让人回味无穷。有 gökotta，即"早晨的杜鹃"，意思是起得足够早，能听到第一声鸟儿叫，还有我最喜欢的、诗意的 daggfrisk，意为"露水般新鲜"，就是一个人在清晨日出时神清气爽地散步时可能感受到的那种纯粹、干净的感觉。一旦天气转好，水银柱不再在减号附近徘徊，瑞典人就会到户外跑步、徒步旅行或越野滑雪，然后在众多公共烧烤坑或野餐地点中选一个进行户外用餐。在斯堪的纳维亚国家，只要人们尊重周围的自然环境、野生动物和居民，相关法律就允许他们在任何地方散步和露营；瑞典也不例外。超过80%的人口居住在距离国家森林公园、自然保护区或野生动物保护区8公里范围内的地方。纽约大学朗格尼医学中心的研究也表明，漫步于大自然可以使人减轻压力、促进心理健康，甚至降低血压。瑞典人从小就学会欣赏大自然，许多五岁的孩子周六会参加"自然学校"，大一点的孩子则学习基本的觅食和地图阅读技巧。

"瑞典人的饮食习惯主要讲究吃当季、当地和有机的食物，"定居乌普萨拉的美食作家里瑟罗特说，"我们喜欢觅食。你很容易在树林中看到一家人带着塑料桶采摘浆果和蘑菇，大多数瑞典人觅食后的保留节目是烹饪经典菜肴，例如荨麻汤加切开的熟鸡蛋，还有蓝莓派。"根据瑞典统计局的数据，超过一半的人能去避暑别墅或乡村小屋休闲，人们有强烈的冲动回归自然、享受户外活动，尤其是进行体育锻炼。瑞典人会在雨天、雨夹雪或冰冷的雾气中跑步，我上次去的时候，早餐前还看到一群人在暴风雪中上街慢跑。每年，谢莱夫特奥都会举办斯堪的纳维亚冬泳锦标赛，那些勇士在0.3℃的水中游泳，他们只穿泳裤和泳帽（这是为了防范体温过低的强制要求）。许多瑞典公司鼓励员工请假去户外活动，政府还会给鼓励员工锻炼的公司提供减税优惠。当冬天的寒冷、阴暗最终使人萎靡不振时，瑞典人就会回到自己的家中享受 mys。如果 smultronställe 是指逃到户外去，那么 mys 就是再次回到室内的舒适环境中。

"mys，即'舒适'，主要是蜡烛、沙发和聊天，"克里斯蒂安说，"我们还有 fredagsmys，意思是'舒适的星期五'，这时我们点着蜡烛，吃些特别的东西。而且还可能是独自享受这一切。"好吧……那一般吃些啥？"嗯，通常是薯片。"就是土豆片的那个薯片？这也算是"特别礼遇"？他点点头。我告诉他这听上去很一般。"已经 lagom 了。"他纠正我。他们将手抓食物和零食视为"礼遇"，因为显然没人需要做饭了，你也不必面对一堆脏了的锅碗瓢盆。由于瑞典人过于勤勉地锻炼，而且总是吃一些四面八方寻觅而来、当地生产的当季好物，（也许）星期五偶尔来点儿薯片可以是一份很好的调剂。"关键是你能在家获得 mys，"克里斯蒂安说，"家对瑞典人来说非常重要。我们有一句名言：'离开是好的，但家是最好的。'"桃乐丝 [1] 可以安心睡了，我明白他的意思。虽然许多瑞典人在户外做了最大的努力，他们冬天仍

---

1　童话故事《绿野仙踪》里的主人翁桃乐丝因为一场龙卷风而误入魔幻世界奥兹国，经历了一系列冒险之后回到家中。在故事的结尾，她说："没有哪儿比家里更好了！"

需面对 24 小时的黑暗以及 0℃ 以下的气温，这迫使他们长时间待在室内。家成为瑞典人的避风港，室内设计对他们而言如此重要也就不足为奇了。除了宜家之外，瑞典的美学广受好评，从家具到时尚甚至到字体。2014 年，时尚的瑞典人决定通过打造名为 Sweden Sans[1]（还有比这更 lagom 的名字吗？）的民族字体来推动他们自己的品牌创建。瑞典政府部门、机构和公司希望打造一个清晰的视觉品牌特征，让人一看就知道是"瑞典"，所以他们取消了所有花里胡哨的东西，最后只剩下 lagom 的 Sweden Sans。

　　瑞典人唯一永远也不嫌多的东西就是咖啡了。他们是全球最大的咖啡消费群体之一（仅次于荷兰人和芬兰人……不可思议……），他们喝了太多这种黑色的东西，以至于不得不想出 tretår 这种词，即瑞典语中的"第二次续杯"或"第三次续杯"。"这都是 fika 的一部分，"汉娜说，"类似于 hygge，但我们认为不需要像丹麦人一样把这词语成天挂在嘴边。我们只是直接这么做。"fika 指瑞典人享受够了他们的孤独，开始聚会聊天、喝咖啡和吃蛋糕。没有蛋糕的 fika 是天方夜谭（相信我，我曾经问过这个问题，然后被全瑞典的人用他们帕丁顿熊似的目光审视过），而瑞典农业统计局的数据显示，平均每个瑞典人每年能

---

1　sans 指 sans serif，指西文无衬线字体。衬线指西文字体中附在字母主线端的短横线，如 I 的上下短横线，T 的左右短细线。Sweden Sans 意为"瑞典无衬线字体"。

吃掉 316 个肉桂面包（但他们看起来不是很苗条吗？）。关于 fika 还有很重要的一点是，没人敢拿最后一块蛋糕或肉桂面包。"你可以将最后一块切成两半，然后拿下一半，"克里斯蒂安非常认真地说，"然后你可以再把剩下的一块再切成两半。然后再这么切，再这么切，直到最后只剩一点面包屑。"为什么？我不禁问。"因为拿走最后一块、不给别人留点儿什么，是不 lagom 的。这种事就是不能做！"分享和蛋糕，这两者对瑞典人来说都非常重要，他们甚至有一整套与之相关的行为准则。

克里斯蒂安告诉我，对大多数瑞典人来说，美好的生活跟那些小事有关，而且就是刚刚好那么多的小事（除了咖啡，咖啡可是越续越美好）。自 2013 年搬到斯堪的纳维亚半岛以来，我一直在努力实践 lagom。而且我认为我做得越来越好了。现在我的房子 lagom。我的车 lagom。甚至我身上这件穿了六年的套头衫肘部都起了毛球，但仍然很暖和，也 lagom。而且如果我感觉不舒服，需要休息、恢复和重新调整，那么我也总会有自己的 smultronställe，还有肉桂面包和咖啡。

# 如何借助于 smultronställe 恢复精力

## 1.

　　找到属于你自己的、具有象征意义的草莓地。对我来说，它是我家附近一座小山的山巅（丹麦唯一的一座山），或是我的步入式衣帽间，我在那里挂起了彩色小灯，而且我可以躲在冬天的大衣后面，那里就是我自己的纳尼亚王国。如果我度过了艰难的一天，或者需要躲开我的家人，我就会去这两个地方（除非我的家人正在读这篇文章，那我只是在衣帽间把衣服全部重新整理了一遍哟。要么就是出去倒垃圾，一分钟就回来啦……）。

## 2.

　　瞄准一切可能的时机逃走。最好在你情绪崩溃之前就这么做。坐下来深呼吸，回忆与松鼠一起玩耍、收集野生浆果、在毒蘑菇下避雨的快乐时光。

# 如何体验 lagom

## 1.

想想瑞典人会怎么做。如果你的杯子里只有半杯水，你会想"这杯水有一半是空的"，还是会想实际上这半杯已经够了？

## 2.

放弃枯燥无味的生活方式，别再为了购买更多东西而工作更长时间，那是傻瓜们的游戏。想想什么是你最需要（而不是"最想要"）的东西，把它当作目标。

## 3.

如果你还是对自己的命运感到不满，那就吃点儿蛋糕，但别太多（抱歉哟），还要记得和别人分享，直到最后只剩下一点点。

# 瑞士

—

## Federerism
## "费德勒主义"

# Federerism
## "费德勒主义"

费德勒主义[1]，以网球运动员罗杰·费德勒的名字命名的名词，指代一种独特的哲学和意识形态，是整个瑞士的国家象征。人们创造这个术语来表示控制力、精确度、运动崇拜、勤奋、秩序、干净，这些品质体现在这位出生于巴塞尔的网球职业运动员身上，同时也普遍体现在他的同胞身上。

---

1 我很清楚费德勒主义（暂时还）不是字典中的一个词，但这是我的书啊，只要我愿意，我就可以挪用这位网球运动员的粉丝使用的词来概括这整个国家。——作者注

# 一

## 瑞士

作为瑞士莲巧克力球、银行、钟表以及蒂娜·特纳的故乡，瑞士在数十年的调查中经常被评为世界上最幸福的国家。但没有人特别清楚个中缘由，瑞士人尤其不知道。瑞士是一个拥有 4 种语言、26 个州和 780 万人口的内陆山地国家，为世界带来了诸如尼龙搭扣、水果坚果牛奶麦片和洁厕得这类改变生活的发明。它还贡献了 25 位诺贝尔奖得主和史上最优秀的大满贯网球冠军。向前迈一步吧，罗杰·费德勒：你是人中龙凤，是缪斯，是瑞士所有伟大事物的精华。

斯蒂凡说："我们瑞士人当然为费德勒感到自豪，但我们并不夸耀这一点。事实上，我们从不夸耀任何事情。"他是我一个朋友的朋友，来自苏黎世。我们聊天的时候是个寒冷的星期二，那时我正与支气管炎搏斗，努力摆脱嗜睡、恶心以及别人批判的目光。我那乱糟糟的英国特性被斯蒂凡的冷静、平和、极其瑞士式的形象夸大了，他看上去如此条理井然，使我突然觉得自己好像休·格兰特在《四个婚礼》里扮演的纨绔子弟。"我们瑞士人非常理性，"他告诉我，以防我还没有意识到这一点，"我们这里安全、稳定，人们公开讨论一切，样样都好。"他告诉我失业率如何低，税款如何少，但医疗水平和"整体生活"的质量都很高。

"我们还有山脉，"他补充道，"而且瑞士很干净。人们办事有效率。我们非常民主，而且我们相对来说条件还可以……"这么说也行吧。另外，还可以说一下目前瑞士的人均 GDP 在世界排名第八，瑞士银行里的那些账户就更为传奇了。"我们很满足。"当斯蒂凡论及他国家的雄厚财力时，他的结论就是这个。但是，讨论这种绿色的东西（钱币）无疑是不得体的，瑞士人并不炫耀他们的财富。"相反，他们只是暗中对此充满自信。"迪肯·比优斯这么告诉我。他也是作家，是《瑞士观察》的作者，他过去十三年都在伯尔尼生活。"他们一点儿都不浮夸，也不屑于炫耀。他们知道，与世界其他地区的人相比，他们的生活质量非常高，特别是看到英国或美国的时候，"迪肯说，"瑞士人的生活满意度很高，他们当之无愧。"瑞士民族在计划准备、遵守秩序、自我控制、保持始终如一、活在当下、工作成就等方面表现出色。他们实践着那位网球明星的全球粉丝所说的 Federerism。

无论你是否对运动感兴趣（郑重声明，我反正不感兴趣：要不要追着一颗球跑对我来说都差不多），几乎没有争议的是罗杰·费德勒的表现出类拔萃。不光是他那秀丽的头发和对男式羊毛开衫的极度忠诚，他在球场上也异常镇定。他不会烦躁地嘟囔；他性情宽厚，毫无大男子主义式的趾高气扬，而这是多数男性运动员无法摆脱的特质。他的举止非常得体，一个与罗杰合作过的录音师最近还告诉我，这位明星会与大家握手，而且全程都和人保持眼神接触，拍摄完成后还会专程感谢摄制组（"实属罕见"）。"他还穿着我见过的最柔软、最高品质的羊毛制品，真的非常、非常好闻……"我的间谍告诉我。每个遇到费德勒的人都会说起他温和的风度、礼节和专业精神，也有少数人提到他的气味。同样，瑞士人普遍都会回避戏剧性的夸张事件，他们喜欢端庄稳重（而且据我的经验，他们通常很好闻）。"他们往往很有礼貌，非常低调，"迪肯说，"可能外面都零下 17 摄氏度了，瑞士人只不过说'有点凉吧'，要么根本不提它。"副作用是瑞士人可能显得过于沉默寡言了。迪肯说："我曾经开过一家书店，在员工考核的时候，要让任何人告诉我他们的业绩，简直就是一场噩梦。"因为 Federerism 就讲究低调。

长期以来，费德勒在没有教练指导的情况下进行操练，却仍能赢得大满贯。他的前任教练保罗·安纳孔告诉记者，他认为他的离开不会对这位大师的比赛产生任何影响，因为"伟大不会停止"。这位明星擅长掌控他自己。

Federerism 意味着控制；瑞士人喜欢掌控。瑞士是最接近直接民主的国家，普通公民能够对任何新的法律提出修改和公投的要求。他们的政府是由四个政党组成的永久联合政府，但没有政治家可以在未征得公众同意的情况下强行做出改变，而且瑞士的 26 个州相对自治。

"在瑞士，像英国的欧盟公投那样的东西不可能由某个人召集起来，"迪肯告诉我，"因为瑞士人还要决定是否应该进行公投，他们都得对此投票，然后就可以决定是否要进行另一个公投了。"直接民主意味着政府和议会只有约80%的决定权，而每个人都会参与到这个政治进程中来。事实证明这样有时候很费力。"我们每隔三个月会就一系列问题进行投票，目前事项之一是再次为伯尔尼有轨电车的新路线投票，"迪肯告诉我，"即使在工作场所，每个人都有发言权，有时可能需要三个小时才能做出一个决定。但对于选择的重视似乎都让瑞士人感到高兴。"的确，瑞士经济学家布鲁诺·弗雷研究过民主与幸福之间的关系，他发现生活在公民投票机会多的地区的人更快乐，他们感觉更有决定权。

还有可可。全世界都喜欢瑞士巧克力。一些人猜测，也许色氨酸（就是巧克力中的一种化学物质）能触发大脑中血清素的释放，这可能是瑞士高幸福评级的原因。甚至瑞士的体育精英人士也在吃这些东西，费德勒去年在澳大利亚公开赛上告诉一名记者："我喜欢我的巧克力……我喜欢我的零食，我不觉得这有什么不好。"但根据"科学研究"，你需要吃几公斤的巧克力才能获得足够的色氨酸来促进血清素释放，提升快乐的情绪，而尽管这个国家的巧克力在全世界销量最高，其中很大一部分是用于出口的。所以，忘了瑞士莲巧克力球吧：咱们回到金黄色的、毛茸茸的那种快乐上去。说的就是罗杰的那种。

罗杰·费德勒决定尝试反手击球时年届三十五岁，这时他已经赢得了大满贯。他都已经赢了（人生赢家的那种赢……），但还想要争取一个新的个人最佳成绩，他只接受完美。他鼓励其他人也培养这种职业道德，他说："面对辛苦工作没有捷径，只能拥抱它。"他还说了一些别的可以印在你的励志马克杯上的金玉良言，包括"有时为了很少的回报你必须投入大量的牺牲和努力，但你得知道，如果你努力的方向正确，回报肯定会来的""如果你本身已经擅长某一件事，那就努力擅长所有事"。就像费德勒拒绝躺在他的荣誉上沾沾自喜和不思进取，瑞士人喜欢为每一种可能性做好准备。他们不仅擅长制作军刀，强制所有健康的男性公民义务服兵役，还进行坦克演习，以防袭击事件发生，尽管事实上瑞士是众所周知的中立国，并且自 1847 年以来就没有卷入过战争。Federerism 注重严谨：以瑞士手表为例，它们达到了大师级别的精密程度。瑞士还以其清新的空气、一尘不染的街道和准时而闻名。"这不是陈词滥调，"迪肯告诉我，"在英国，如果火车延误超过十分钟则会被认为是晚点，而瑞士的标准是三分钟。而且他们的准点率是 88%。"因为如果你是瑞士人或者罗杰·费德勒，你的标准就是那么高。

Federerism 意味着始终保持警觉，而且至关重要的是要活在当下。

因为一旦投入艰苦的工作并恰当准备，你就能"活在当下"。伟大的运动员必须清楚他们周围（不论是精神上、情感上，还是空间上）正发生的事。瑞士人不仅热衷于准时和守时，而且非常擅长活在当下。"他们不会匆匆忙忙的，不会着急觉得他们接下来该去哪儿了，"迪肯说，"他们很乐意慢条斯理地做事，细细体验这个过程。"哈佛大学的心理学家发现，活在当下的能力有益于我们的心理健康，让我们更快乐。这就是 Federerism 的优越之处。

当他们闻够了玫瑰和他们的瑞士同胞的味道之后，他们变得活跃起来。斯蒂凡说："很多人在山中的清新空气里滑雪或徒步，大多数瑞士人都感到与自然有着深厚的联系。"顺便告诉你（感谢谷歌图片……），费德勒既喜欢滑雪又喜欢徒步，而且游刃有余。他经常跟他的前职业网球选手妻子和他们的四个孩子（四个！）一起做这两件事。事实证明，亲近自然和户外锻炼都可以让我们更幸福，所以 Federerism 规定我们每天都该试试这两件事，它们都很不错。

最后，Federerism 意味着始终如一。今天光鲜亮丽，隔天就像一块油腻腻的吸汗带那样是没用的，这毫无意义。多年来，瑞士人一直告诉大家他们"过得很好，感谢关心"，并且无论他们拿到的是法语、德语还是意大利语的"你快乐吗？"调查问卷，他们都汇报了同等程度的幸福。这些会说三种语言的聪明的瑞士人哪。瑞士人可以是保守的（有人说是"狭隘的"）一群人，对他们而言传统与创新同等重要。因此，虽然他们已经接受了现代生活的一些教条（如尼龙搭扣……），他们仍然认为星期日神圣不可侵犯，这一天所有商店都会关门，人们看重与家人共度周末的时光。他们礼貌、矜持、富有，无可挑剔而且毫不张扬。费德勒是劳力士的形象大使，但他总是选择劳力士最素雅的一款表，用我那位录音师的话来说，看上去"富有但不华丽"。2003年，瑞士公开赛的官员为了祝贺这位百万富翁体育明星取得的成就，给了他一头牛。费德勒超有礼貌，一再感谢他们，带着一副"一头牛！可不就是我一直想要的吗！"的表情，以至于几年后他们又给了他一头牛。

拥抱Federerism意味着具备良好的举止、纪律、驾驭力和对所有变量的控制，使得事情几乎不可能出错。这种生活方式既充满抱负又可以实现，还特别容易输出，而且你压根儿不必关心运动。下面就开始游戏、设置、选择匹配Federerism吧。

# 如何使 Federerism 成为生活的一部分

## 1.

你要非常、非常擅长某件事情……但别炫耀。对每个人都始终彬彬有礼。

## 2.

为每种结果做好准备。你也许不需要每天装一把瑞士军刀在身上，但你可以把事情安排得井井有条，提前计划，做好打包的午餐，在日记里为接下来的周末写点儿什么，写下你的职业目标并找出达到目标需要做的事情。

## 3.

活在当下。一旦做好准备，你就可以自如地运用技巧和天赋玩转游戏了，而且不必担心出错。

**叙利亚**

一

Tarab

"音乐中加强的情感效果"

# Tarab
## "音乐中加强的情感效果"

　　名词，表示由音乐带来的心醉神迷。这个词自中世纪以来一直被用以形容音乐和音乐家，在奥斯曼帝国时期得到普及。今天，tarab 被用于描述阿拉伯文化（尤其是叙利亚）的某些类型的音乐中加强的情感效果。还跟某一传统作曲形式有关，这种作曲形式以乌德琴（一种类似鲁特琴的弦乐器）为主。

# 叙利亚

尽管叙利亚拥有肥沃的平原、高大的山脉、红色的沙漠，以及在通往首都路上著名的"通往……之路"启蒙时刻[1]，叙利亚是一个通常与幸福无关的地方。该国多年来遭受了无数次入侵和占领，而 2011 年，反对总统的一次和平起义迅速升级为全面内战。叙利亚的 2 110 万人口中有一半以上流离失所，但灾难仍在继续。马迪安是我一个朋友的朋友。2015 年，他被迫离开他在大马士革的家，成为移居奥地利的 51 000 个叙利亚人之一。他现在住在维也纳。他告诉我，尽管我们许多人从电视或报纸报道中看到了叙利亚，但故事不止一个。

"当然，我想念我的家乡，但至少我现在还好好地活在这世上，还有许多人失去了他们的生命，"马迪安说，"所以我们必须向前看，找到让自己重新高兴起来的办法。"似乎不可能为这种情况维持适当程度的痛苦，因此他告诉我："我们接受现实。还是有可以带来快乐的事情的。"对于马迪安来说，这些东西包括会见朋友、品尝美食，还有马（他是一个热爱骑马的骑师，曾经在大马士革骑过马），以及 tarab。

---

1　这里说的是"通往大马士革之路"的故事。《圣经》中，使徒保罗在去大马士革迫害基督徒的路上，遇到了复活的耶稣，由此产生顿悟，肩负起传播福音的使命。

"我们叙利亚人拥有非常优秀的文化遗产。"马迪安告诉我，尽管该国的许多遗产都遭到战争毁坏（该国六处联合国教科文组织认定的世界遗产尽遭破坏），许多传统艺术形式却被永久保存了下来。互联网不仅使叙利亚人无论最后落脚于何方总与亲友们保持联络，也使他们与自己的文化保持联系。"当童年的家乡消失、你都不知道何时能再看到它，"马迪安说，"能够在 YouTube 上看看跟叙利亚有关的视频，比如 tarab 音乐，还是很不错的。"

"tarab 是……"他想找最准确的话来描述它，可是等他终于想出来了，却又已经迷失在遐想中，"魔法般的。听着 tarab 音乐，我们会感觉自己处在另一段生命里，就好像我们被音乐灌醉了。"他微笑着说，"这种经历非常、非常特别。"他告诉我，要体验 tarab，人必须十分专注，而且要听上一段时间。"我们说的可不是一首五分钟内结束的歌，"马迪安说，"我们说的是三四十分钟的歌，甚至可能要一小时。是那种带领你经历一段旅程的音乐。"

tarab 音乐往往专注内心（"我估计其中 80% 是情歌，其余的则跟宗教有关"），这些音乐非常深沉，很快就能打动你。马迪安向我详细解释了一些句子，它们通常存在于一段经典的 tarab 音乐之中，比如"愿你替我种下爱神木"。"叙利亚的坟墓上一般会栽种这种植物，"他告诉我，"它的意思是，你想要比你心爱的人先死去，这样你就不必在失去他们的世界里孤独地生活。""愿你站在我的坟墓上";"愿你包围着我";以及"愿你埋葬我"。目前这些都还算积极阳光。"当我们谈论爱情时,我们确实经常提到死亡,"马迪安承认,"但只是说说而已……"他告诉我,叙利亚人之间现在流传着一个玩笑:"我们经历了这样的危机,又死了这么多人,我们觉得可能是上帝在回应我们,因为我们总是反复说这些话。"即便在最恶劣的环境中,幽默也茁壮成长。

tarab 是阿拉伯风格的典范,依赖于这个地方独有的乐器,如乌德琴和独特编曲(以某种习惯的方式进行演奏的一套组成独特旋律的音符)。为了让我亲自体验 tarab,马迪安替我开列了一张清单,上面是一系列 YouTube 精选节目。我看了埃及–叙利亚裔的已故歌手法里德·阿尔–阿特拉希的表演,他被称为"乌德琴之王"。还有来自阿勒颇的偶像男高音沙巴·法克里,他与观众全程互动:他坚持打开礼堂的灯光,这样他就能看清观众席上的人。最后,还有已经故去的乌姆·库勒瑟姆。无论你读完这篇文章之后预备干什么,都取消你的计划吧。好好留出一小时的时间,听听乌姆·库勒瑟姆。这位歌手被誉为"东方之星""埃及之声",甚至是"埃及的第四座金字塔"。她受到鲍勃·迪伦、玛丽亚·卡拉斯和波诺的盛赞(可别因此失去兴趣……)。她原始的情感表达为她赢得全世界的称赞,在我从未听说过的人里,她是最有名的一个。就像所有 tarab 表演一样,库勒瑟姆的表演不受固定时间的限制，每首歌持续的时长根据她当晚与观众的互动情况以及她的心情而有所不同。《你不公平》（"Ya Zalemni"）是她最受欢迎的歌曲之一，这首歌的现场表演持续四十五到九十分钟不等，而且她倾向于一遍又一遍地重复同一句歌词，每次都会改变重音的位置，直到她把观众带到狂喜（也就是 tarab）的边缘。"这种音乐就是能有一种令人难以置信的力量，撼动你，改变你对事物的看法，"马迪安说，"是的，它也让你更快乐了。"

大量研究表明，音乐能改变我们的情绪，而我长期以来沉迷于一种称作"情绪唤醒"的心理学工具，意思是你可以观看一场电影或者听一段音乐，并借此感到满怀热情、充满能量。它可以帮助你处理使你生畏的事情，不论是一次可怕的会议还是一个艰难的决定。音乐也处于文化的中心。音乐对人生中的许多重要仪式十分关键，也是我们的休闲时光里的背景音。音乐赋予我们一种身份，把我们团结到一起，帮助人们跨越界限。2016 年发表在《国际社会科学杂志》上的一项研究发现，在一个以移民为特征的世界中，音乐成为移民在新环境中协调和发展他们身份的一个不可或缺的方式。对于来自叙利亚的数百万流离失所的人来说，音乐变得前所未有地重要。黎巴嫩甚至还有一个由联合国教科文组织资助的项目，旨在保护该地区和叙利亚的音乐遗产，提供讲授阿拉伯音乐的理论及其历史的课程，还教学生弹奏乌德琴。

　　我特别感谢马迪安为我介绍了叙利亚音乐，我受到启发想要更加了解这个地区。但我不禁好奇是否有哪种西方音乐也可能会催生tarab。"没有，"他说，接连又说，"没有，没有，没有，没有，没有。"说说你的真实感受吧，马迪安……"但，这只是我个人的看法，"他用限定语补充道，"所以可能，也有吧。"这是一场应当在专业音乐聊天室中酝酿的深度辩论，连古典音乐甚至是音乐剧的配乐都被纳入参评队伍。一些大胆的人居然把tarab等同于"自由形式的爵士乐"，我为此诚挚地向马迪安乃至全世界的叙利亚人道歉。我自己的古典音乐知识少得可怜，但是贝多芬的《欢乐颂》具有令人震撼的渐强音，对我产生的影响类似于马迪安对tarab或歌剧的描述。歌剧通常被描绘为一种"灵魂出窍的体验"，大多数歌剧的基础是爱和死亡，与tarab音乐很相似。2012年，发表在人们最喜欢的海滩读物《移植学会会报》上的一项研究发现，小鼠在接受心脏移植（别问具体的了……）后的恢复期间，如果实验者为其播放威尔第的《茶花女》，其寿命几乎是那些没享受歌剧的小鼠的四倍。所以tarab实质是一种生命补给。我们西方人很可能也能够享受tarab音乐带来的好处，而且我们清楚它该比我们平常所听的音乐内容更加充实。在一首三分钟长度的流行歌曲中，几乎不可能达到tarab所要求的那种心醉神迷和孤注一掷的程度，而听众被带入一段"旅程"是需要时间的。

"当然，没有什么能比现场聆听 tarab 音乐更美妙的了，"我刚准备离开的时候，马迪安告诉我，"观众彻底沉缅其中的那种感觉特别美好，我现在仍然怀念那种集体感。在现场听音乐，仿佛你不再孤单，至少在这段时间内不孤单。"伦敦帝国理工学院的研究人员发现，观看现场音乐表演可以降低压力激素的水平，戈德史密斯大学的行为学专家兼副讲师帕特里克·法根也发现，那些参加现场音乐会的人的情绪会提升 21%。马迪安告诉我，他过去在家乡时总是去看演出。"这特别正常，"他说，"当你每天都习惯了某件事，你可以把它视为理所当然。但它后来消失了，于是你觉得你身上的某些东西也消失了。"

我许多天来一直在思考他说的这种情感。

尽量频繁、尽可能轻松地去体验音乐中的情感真实与想象真实（不论是在线听或是用你的耳机私下听），这件事的好处还有很多。但是，充分利用我们所拥有的自由去听现场音乐会，这件事突然显得十分值当。当你站在另一个人的面前聆听他的音乐，你们之间会产生直接联系。而在一些陌生人（你可能还不认识他们，却可以与之分享这些产生天翻地覆变化的瞬间）的陪伴下这样做，是一种与众不同的经历。"音乐应该让你感受到某些东西"，马迪安在后来一周给我发的电子邮件中写道，也许是更多的同理心、共鸣，甚或是对自我的认知。所以，拥抱你的鸡皮疙瘩吧。下次有机会去听现场的时候，别再拒绝了。在促发 tarab 的音乐中寻求你的自我教育。然后，让你手臂上竖着的汗毛恢复过来，此后的世界也许就有所不同。

# 如何体验 tarab

## 1.

找一些能让你感受到某种东西的音乐。真正地去体味那些感受。不可以冷漠。我们需要在生命的全部化身中体验活着的感觉，然后记住我们的人性，让自己充满能量，做出改变。

## 2.

为了获得更多的鸡皮疙瘩，请在有条件的情况下观看现场音乐表演。带上你的朋友或者跟那些和你一起经历这种体验的人交朋友。

## 3.

哭吧，笑吧，感受吧。全力以赴，我们共同去经历这个过程。

## 4.

陷入瓶颈期了？从马迪安的音乐建议中汲取一些灵感吧。

## 5.

好好珍惜你现在拥有的生活，尽最大努力让自己充实起来，立刻马上。

# 泰国

## 一

## Mai pen rai
## "没关系"

# Mai pen rai
## "没关系"

　　泰国最常用的短语之一，通常被翻译为"没关系"、"别担心"或"不要紧"。它随时被用于缓解冲突和紧张的情绪。它也是泰国文化之轴，是一种生活哲学，它提醒着人们"接纳"的重要性。

# 泰国

假设你度过了糟糕的一天。你没有得到你追求的晋升机会，也没顾得上吃午餐，下午 4 点你饿到虚脱，回家的路上又遇上严重堵车。做自己太糟糕了，对吧？或许你只需要一个 mai pen rai 的速成课程。

"人们总以为 mai pen rai 意味着我们不在乎，但它并不是冷漠的意思。"珐利尼说。他是我一个朋友的同事，来自曼谷。mai pen rai 不是用来润滑社交场合的一句万金油（虽然它也有这种功能吧……），而是与接纳、与一种非常泰国式的生活方式有关。"如果我希望得到某样东西却落空了，我会告诉自己，mai pen rai，意思是'没关系，还没轮到我，我可以先做点别的事情'，"珐利尼说，"你得放下。这是泰国的哲学。"

在泰国的 6 500 万人口中，约有 90% 是佛教徒。这个宗教特别注重破除执念，但是泰国的历史也会让它的国民特别容易艾莎[1] 附体。数百年来，泰国在庇护政党制下运转，国王和乡绅照管着这片土地以及在这劳作的人民。1932 年，在内乱的喧嚣中，这个国家（当时叫"暹

---

1　迪士尼动画电影《冰雪奇缘》女主角，她唱的《放手吧》（"Let it Go"）红极一时。

罗”）从君主专制政体转变为君主立宪制政体。泰国必须采取一种 mai pen rai 的集体态度求得生存。普密蓬·阿杜德国王 1946 年开始执政，他承诺"为了暹罗人民的利益和幸福而进行正直的统治"。他基本上信守了这一受到所有人尊敬的诺言。但在他统治期间也发生了 11 次成功和 7 次失败的政变，最后一次发生在 2014 年。2016 年，他去世了，全泰国陷入整整一年的哀悼状态，随后更多的动荡接踵而至。泰国人民不得不再一次借助于他们的 mai pen rai 继续前进。

作为一个农业大国，泰国有 40% 的人口从事农业经营，实践已证明 mai pen rai 的办法相当重要。普密蓬·阿杜德国王在其统治期间非常积极地推进农村发展，引进了 4 000 多个农业项目，其中包括灌溉再造林和奶牛养殖。他还提倡自给自足，鼓励农民种植足够的粮食以满足个人需求，只需稍微留下一小部分用于买卖或以物易物。"国王称职地为我们推广农业，而且务农在泰国是一项很受重视的职业。"瓦林波恩说。她来自曼谷近郊，是一个朋友（其实就是意大利的基雅拉）的朋友。"务农在泰国是一种受到尊敬和欢迎的谋生方式，但是也受制于许多不可人为控制的因素。"如果作物歉收，除了接受别无他法，mai pen rai。正如日本的"侘寂"一样，泰国哲学认为人必须接受自然、歌颂自然，不能违逆它。"我们从小就认识到，生命中的许多事物，天气、温度、收获等等，都是我们无法控制的，所以当事情发生时，我们最好接受，然后继续前进。"斯多葛学派会感到欣慰的。

这并不是说泰国人不会尽力让事情得到最好的结果。"mai pen rai 不是逃避责任。"珐利尼说。佛教教义反对这一点，佛教告诫人们不仅要为自己的生命承担责任，还要为自己周围的每一个生命负责。而 mai pen rai 使我们在现实中既做好自己，又不妨碍他人。"从根本上说，它是可持续发展的精神宣言，"瓦林波恩说，"自给自足，拥有自己的土地，种植自己的庄稼，这对我来说就是幸福。"而 mai pen rai 与坚忍和自足有着错综复杂的联系。她说："因为你特别不想给人添麻烦，这是我们文化的一大组成部分，也是我们从小接受到的教育。"人们甚至经常拒绝别人的帮助或任何类似的提议，因为泰国人不想给别人带来麻烦或不便。

泰国人还经常用一些其他术语来表示"自给自足"和"接受命运"。譬如 por dee，即"合适"。"你不必富有，只要有'合适'的钱作支撑就挺好。"瓦林波恩说。这很像瑞典的 lagom。同样，一件衣服可以适合你的身材，你可以找到一份适合你生活方式的工作。还有一个词是 sabai，表示舒适或身体健康的状态，通常连用两次表示"冷静一下"。"你在泰国会经常听到 sabai sabai，"珐利尼说，"这个说法特别用于你想告诉某人不要太过严肃地对待生活，或者想让他们快乐一点的时候。"还有 jai yen，即"冷静的心"。"这是让别人冷静下来的另外一种说法，"

瓦林波恩说，"我丈夫经常对我这么说。"显然她也不介意，**mai pen rai**⋯⋯

"保持镇定，不要失去理智，去接受我们无法改变的事物，这能使泰国人摆脱那些把现代生活搞得一团糟的琐碎的恼人事，"瓦林波恩说，"我们在这过程中一直保持微笑。"旅游手册都把泰国称为"微笑之地"。说话和微笑多么像一种艺术形式，泰国甚至有不同类型的咧嘴笑法。我最喜欢的一些包括：

> Yim cheun chom，表示"我崇拜你"的笑容。
>
> Yim thak thaan，表示"我不同意，但请你继续保持你疯狂的想法吧⋯⋯"的笑容。
>
> Yim sao，悲伤的笑。
>
> Yim mai awk，表示"我试着微笑，但是我很难做到，我的眼神快要恨死你了"的笑容。

"我们很少因为高兴而笑，"瓦林波恩说，"我们又不傻，我们并不总是开心啊，只是表面上微笑而已。"哎哟。"泰国的服务业很好，"她告诉我，"他们知道如何提供服务，而且知道如果想赚钱就该保持微笑。这的确有效。"但是假装微笑也有益于体验幸福，因为当我们欺骗自己的大脑，让它相信我们很快乐时，它就能释放令人感觉良好的激素，其中包括多巴胺和血清素。堪萨斯大学的研究人员发现，强行微笑有助于减轻压力、降低心率，哪怕你刚交完税，它也能帮助你的身体和大脑恢复得更快，所以微笑也让你能保持"冷静的心"。"泰国人不太具有侵略性，也不太坚定自己的主张。这不属于我们的文化，"瓦林波恩说，"所以我们宁愿微笑也不愿与人起冲突，我们不喜欢对峙，也不喜欢给自己或别人太多压力。"

已故的普密蓬·阿杜德国王就不是一个容易走极端的人，他支持王国中实践的各种形式的宗教，注重并提倡多样性。他赞同"中庸"是走向幸福的蹊径。他劝诫他的人民："只要你不付出过多的努力或去做超出你能力范围的事，你就会感到满足。"珐利尼告诉我这一点，并澄清道："不是说你不能奢望好好做成一件事，只是你应该想要去做能力所及的事。"mai pen rai 意味着你现在的生活方式对你来说挺好，你不该担心太多或想要太多。这种简单、明智的方法使泰国人更幸福。它跟获取财富无关，也不像"嗑了 K 粉咧嘴大笑的音乐剧明星"感受到的那种快乐：它是指对拥有的东西感到满足（再次参见 lagom），并且在不如意的时候接受现实，泰国人对此很有经验。根据彭博社 2018年的"悲惨指数"，泰国连续四年被评为 66 个经济体中最不悲惨的国家。这可算是被适当低估了的"冷静的心"该享有的荣誉。

泰国人不知道未来会怎样。自从普密蓬·阿杜德国王去世后，许多人感到国家的问题扩大了，政治动荡、污染和交通问题比以往更加严重。"这位国王非常擅长将人们团结在一起，"瓦林波恩说，"我们怀念这一点。但我认为泰式心态会保持下去。我们永远有 **mai pen rai**。"

我同意她的观点。

# 如何采取一种 mai pen rai 的生活方式

## 1.

看待问题的目光长远一点。Wifi 坏了吗？你会挺过去的。Mai pen rai. 堵车？你最终还是会到达目的地的。或者也不会，mai pen rai。航班延误了？停下想想：我们居然能把人放在一个可以像鸟一样在空中飞行的大金属管中，这也太棒了。Mai pen rai.

## 2.

设想一下你会有什么样的收获，无论是种庄稼、参加竞选活动还是完成课程作业。尽你所能，然后接受自己的极限。Mai pen rai.

## 3.

如果你感到沮丧，深呼吸三次，就像你妈妈以前教你的那样，还要多多培养"冷静的心"。

## 4.

微笑吧，把你的那张愁苦的脸掰成笑脸，即使你是装的，你也会感到更快乐、更健康。

## 5.

更加可持续地生活：你能保持一周工作 70 个小时，不舍昼夜地消耗自己吗？你还没得胃溃疡呢？说不定已经得了哟。找到一条中庸之道，然后坚持下去。

266

荷兰

一

**Gezellig**

"舒适"

# Gezellig
## "舒适"

　　形容词，来自中古荷兰语 gesellich（意思是"友善的"），现在用来表示舒适或新奇有趣。它也可以用作名词 gezelligheid，指积极、温暖的情绪或团结在一起的感觉。在荷兰，这个词被大量运用于日常谈话，这里的人珍惜所有 gezellig 的事物。gezellig 与丹麦的 hygge 或德国的 Gemütlichkeit 在某些方面类似，但 gezellig 还强调老旧的东西。而且荷兰人认为是他们首先想出了这个概念……

# 一

## 荷兰

　　"咖啡和蛋糕是 gezellig；去喝啤酒是 gezellig；看电视可以是 gezellig，尤其如果你有 gezellig 朋友来访的话。一个房间可以是 gezellig；一座建筑物可以是 gezellig；一个人可以是 gezellig；一整个晚上可以是 gezellig。"我的朋友乌特就这么开讲了。他来自海牙。那么就是任何事物都可以是 gezellig？"差不多，"他告诉我，"虽然旧的东西往往尤其 gezellig。"不像在丹麦，斯堪的纳维亚式的现代优雅风格仍然有资格充当 hygge，荷兰式的生活却意味着老式生活。因此，传统的商店和精品小铺是 gezellig；现代室内设计和大型零售商店则不是。阿姆斯特丹随处可见的老式的、装潢着深色木头内饰和幽暗灯光的"棕色咖啡馆"是 gezellig 的典范，就像当地的 kroeg 酒吧（等同于英国读者熟悉的"老年人酒吧"）一样，它们可作为一个人自家客厅的延伸部分。"基本上，如果一件事物温馨又舒适，那就是 gezellig，"乌特解释道，"而且我们总说 gezellig 这个词，甚至比丹麦人说 hygge 的次数还多。"我告诉他，说是这么说啦，结果他说："这是真的！我们不认为世上还有什么别的词比得上 gezellig 了。我们确实相信是自己发明了'温馨舒适的时光'这样的概念，所以，当丹麦冒出来 hygge 这种全球闻名的东西之后我们还挺生气的。"他随即解释道:"好吧,不是'生气',但你懂的,可以说是'惊讶'吧……"我点点头。因为我认识乌特五年了,还没见过他生气,因为荷兰人的性格相当恬淡。

除了 gezellig,自由主义和忍耐力也是荷兰人幸福的关键。乌特解释道:"我们多年来忍受着许多国家的排挤,不得不学着和睦相处。"荷兰由 12 个省组成,东部与德国接壤,南部毗邻比利时。荷兰以地势平坦著称,Netherlands(荷兰)字面意思就是"地势较低的国家",它只有 50%的土地超过海平面一米以上。荷兰人与水之间一直存在一种又爱又恨的奇怪关系,因为海水随时可能吞噬这片土地。他们拥有 1 700 万人口,是世界上人口密度最高的地区之一(每平方公里有 414人)。人们除了妥协跟合作之外,别无选择。作为一个格外世俗化的国家,荷兰人认为宗教是每个人的私事,而且荷兰人的高社会宽容度由来已久。堕胎、性交易和安乐死都是合法的,2001 年荷兰还成为世界上第一个将同性婚姻合法化的国家。同时,该国在全球"新闻自由指数"中排名第二,还以其开明的毒品政策著称。

"荷兰是贸易国家。"乌特说。事实上,荷兰是世界上仅次于美国的第二大食品和农产品出口国。"我们的国民拥有众多国籍,我们必须对新异的想法和不同的生活方式保持非常开放的态度。"我的朋友辛迪也来自海牙，她告诉我："我们荷兰没有特别多的传统，所以我们可以随意地选择我们身边最好的文化。"乌特也同意。在成长过程中，他的家人每年圣诞节会吃中餐，因为他们最喜欢这种食物，并且因为他居住在配套成熟的华人社区，这意味着新鲜食材唾手可得，还有专业人士烹制出正宗的菜肴。荷兰的土耳其人口规模虽小却也很重要，他们分享了自己国家的传统，在某些地区，摩洛哥文化的影响力也很强大。大多数荷兰人的开放程度令外人耳目一新。1999 年，我第一次去荷兰。当时我的朋友托尼和我搭便车去了阿姆斯特丹，这种方式回想起来令人后怕，不值得推荐，但在当时似乎是一种特理智的度过周末的方式。我们坐在那些巨大的卡车里(后来还有一辆拉达汽车)，被车窗外的美景惊呆了，同样使我们惊呆的还有我们遇到的那些善良的荷兰人。荷兰的水里有什么东西吗？难道 gezellig、风车和大麻真能让荷兰人看上去如此彬彬有礼？

"我们也有不快乐的时候！"辛迪确定地告诉我，"但我们的确非常愿意与人为善，能跟任何人聊天。这就是 gezellig，而且我们对周遭世界都充满 gezellig 式好奇，我们并不介意直接表达想法。"相比对陌生人较为保守的 hygge 丹麦人以及那些独享 Gemütlichkeit 的德国人，荷兰人似乎拥有足够的 gezellig，能够分享给所有人。荷兰一直是世界上最幸福的国家之一，根据经合组织的数据，荷兰人每周的工作时间也是各国工作时长中最短的之一，平均只有 30.4 个小时。

　　"许多人从事兼职，特别是有孩子的人，"辛迪说，"因为托儿服务还是很昂贵的。"在荷兰，婴儿约十周的时候，母亲就得重返工作岗位，但只是兼职，而父亲、祖父母和大家庭的成员经常分担工作日的育儿任务。尽管如此，产后十周便回去工作听上去并不太 gezellig。辛迪也承认这一点，但她告诉我荷兰人确实还有一些其他收获，可以保障 gezellig 得到实现。新晋妈妈们的福利包括：可以请一位住家产科护士，费用由保险公司承担，他们会来家里待上几天，照顾新晋父母并承担"烹饪、简单清洁和育儿"的职责。乌特回忆起他儿子出生时帮助过他们的那位护士，仍然情绪激动。"她真是太棒了！"为了强调这一点，他两手按在桌上，还告诉我当他看起来疲惫时，她会叫他去小睡一会儿。你？当"爸爸"的？！我问道，简直不可思议。他留恋地点点头："有时她甚至还建议我喝杯啤酒。真是非常、非常 gezellig。"那肯定……一旦新晋父母们重新开始工作，这些有偿工作中还有一种特为合理的 gezellig 方法，即你只要完成工作就可以回家，管他什么出勤率哟。在荷兰，如果你生病了，你会因为 uitzieken（字面意思就是"因病请假""等待康复"）待在家里，让病情顺其自然地好转，而不是屁滚尿流地去传染你的同事。让感冒药和羽绒被包围你吧。

对于任何还无法被荷兰 gezellig 的快乐说服的人来说，荷兰人还有郁金香、木屐，以及对米菲兔（已逝的米菲之父迪克·布鲁纳，请安息吧）和自行车的迷恋。到处都是。根据欧盟委员会的数据，36%的荷兰人把自行车当作"最常用的交通工具"，而且骑车使他们保持健康和快乐。他们的饮食也很健康，用我朋友的话来说，他们吃的是"农民食品"，虽然任何曾经去过 gezellig "棕色咖啡馆"和试过"糖浆华夫饼干"的人都可以证实荷兰人经常放纵自己吃甜食，但他们也会吃很多肉，还要吃两种素菜和一点乳制品。而且荷兰人超爱他们的牛奶。我第一次去荷兰的某个工作场合时，曾看到西装革履的商务人士喝下一盒一盒的牛奶，乐死我了，但这并不罕见。许多人会仰脖喝光这些白色液体，把简单的奶酪三明治这一国民午餐冲到肚里去。牛奶是钙和维生素 D 的来源，这两者都对调节情绪很重要。据密歇根大学的研究人员说，奶酪中含有一种名为酪蛋白的化学物质，可以触发大脑中的阿片受体，让人产生一种极度愉快的心情。并且请注意：这道题可用作酒吧知识竞猜，所有这些饮食中的蛋白质使他们成为世界上平均身高最高的民族（老实说，我儿子的班上有一个荷兰男孩，我发誓他站起来的时候我把他当成了老师……）。"我们一般都吃得不错，我们也知道如何过得不错，"辛迪补充道，"我敢说大多数荷兰人晚上都会喝上一杯葡萄酒。也可能两杯或三杯。"三杯？她点点头，"这很正常。

但是我们不会豪饮狂欢。"好吧，天哪……

这样的夜晚过后，次日早上总得喝上点咖啡保持精力充沛。哈佛大学 2011 年的一项研究发现，咖啡能降低女性抑郁症的发生率。2012 年德国鲁尔大学的一项研究也发现，咖啡因会刺激大脑，让人积极兴奋。欧睿国际的一项研究表明，全世界就属荷兰人喝掉的咖啡最多，而他们还是世界上最悠闲安详的国家之一。我们只能想象如果没有咖啡因的刺激，他们会更加平和。弗兰克·辛纳屈曾将橙色视为"最快乐的颜色"，由于荷兰人总是一有机会就穿皇室家族的橙色这样刺眼颜色的衣服，所以他们非常快乐应该不足为奇。

除了 gezellig，快乐的荷兰人还拥有其他几个诱人的词汇，我打算全部采纳，放进我的日常词典里。其中包括用于感官的 lekker，这是一个形容词，意思是"美味的"或"性感的"（太像荷兰人的风格了……）；还有令人愉快的 feestvarken，可以翻译为"派对猪"。"派对猪就是某个派对的主角。"乌特告诉我（不瞒你说，用荷兰口音说这个词更有趣）。另外还有令人振奋的 uitwaaien，即"在风中散步寻乐"。"没有比在海滩上 uitwaaien 更美妙的事了，"乌特说，"新鲜空气对人特别有益，能让你感觉更好。我们喜欢去水里游泳，还会经常去户外。"对于像荷兰这样拥挤的国家来说，这还挺不容易的。"交通可能很糟，"乌特说，"但我们会高高兴兴地开一小时四十五分钟的车到海滩，然后花一个小时停车，还是很值得的。"等他们又回到家，被风吹得头发蓬蓬的、疲惫不已，他们（很可能）会躺下来吃些奶酪，拿出葡萄酒，然后得到一些实实在在的 gezellig。我被这种幸福的生活方式说服了。

# 如何变得像个荷兰人然后获得 gezellig

## 1.

找到属于你的"棕色咖啡馆":一个让你感到宾至如归、能给你带来一点 gezellig 时光的当地老式酒吧。

## 2.

用荷兰人的方式,对你遇到的每个人都更加友爱,更勇于敞开你的心扉。

## 3.

自己过得好,也让别人过得好。享受生活,在恰当的时候当一回"派对猪"。

## 4.

只要条件允许,请在风中奔跑吧。被大自然拥抱、被风吹拂着的刺激,那像孩子般凌乱的感觉非常奇妙,你永远不会因为"在风中散步寻乐"而后悔。

## 5.

如果葡萄酒和风车都没能让你开心起来,还有木屐、米菲和单车骑行活动。如果以上都不能让你满意,那么是时候好好照照镜子了……

**土耳其**

—

Keyif

"愉快的放松状态"

# Keyif
## "愉快的放松状态"

名词，最初源自阿拉伯语，表示"情绪、满足、沉醉"。在俄语、希伯来语、库尔德语、乌尔都语和印地语中都可以找到 keyif 的各种变体，但这个词已成为土耳其由来已久的风俗。现在它被用来表达一种愉快的放松状态，追求闲散的乐趣对许多土耳其人来说是一种全民性的消遣，也是他们对幸福的定义。

# 土耳其

那套西洋双陆棋散放在你面前，一盘棋局已经开始了几个小时，但还不急于结束。又一个炎热、潮湿的日子快过去了，太阳正落山，空气终于开始凉爽下来。你和朋友们坐在一个酒吧外面，眺望着闪闪发光的博斯普鲁斯海峡，看似无所事事，实际上却享受着土耳其重要的 keyif 习俗。梅利斯是我的同事，她来自伊斯坦布尔，她给我描绘了这幅生动的家乡画面，这时我们正在伦敦市中心的一个屋顶上，天气异常炎热。我们身上又热又黏，但是没有喘息，没有海风，我们都陷在一个全是会议的下午，而且会议还不能很快结束。突然间，我们都希望可以从泰晤士河瞬间转移到土耳其海峡。

keyif 是土耳其日常生活中不可或缺的一部分，伊斯坦布尔则毫无争议是 keyif 的文化首都。梅利斯将她祖国的国民消遣方式形容为"对慵懒抱有的低调的激情"，因为 keyif 的关键就是放慢速度。"对于土耳其人来说，放松真的非常重要。"同样来自伊斯坦布尔的奥利维亚也赞同地说道。并且，你也需要先放松才能真正获得 keyif。"没必要把 keyif 复杂化，"她说，"它应该是庆祝生活中简单的快乐，比如游泳、在沙滩上散步，或是看日落。每个人都可以这样做。它不是某个阶级专有的东西，不存在歧视，keyif 是包容一切的。"它也是困难时期的安慰剂。"在生活中，你不可能总是感到快乐，"奥利维亚说，"但是有了 keyif，你可以决定此时此刻你要享受生活。我们现在就需要这样。"

经合组织的数据显示，土耳其人的收入、财富、健康、教育和盈利均低于平均水平，十五岁至六十四岁的人中仅 51% 的人有工作。该国横跨亚欧大陆，与希腊、保加利亚、格鲁吉亚、亚美尼亚、阿塞拜疆、伊朗、伊拉克和叙利亚接壤。土耳其的 8 000 万庞大人口经历了数十年的内战，2016 年还发生了一次失败的政变。"这里的情况一直都变化无常，总是起伏不定，事情真的可以每个月一变，"奥利维亚这样介绍她的家乡，"我们往往不会承诺未来要做什么，因为我们不知道接下来两周的时间会发生什么，所以我们过一天是一天。""到时候再说，看老天的安排"，这是土耳其人制订计划时经常说的一句话。因此，如果有人说"我想最近找个时间请你喝咖啡"，你可能会回答：到时候再说，看老天的安排！"但是，在所有这些不安定因素中，土耳其人唯一不变的就是 keyif 的理念，"奥利维亚说，"而且 keyif 使我们团结在一起。"很显然土耳其人唯有在"公民参与"这一件事上符合幸福调查中的度量标准。根据经合组织的调查发现，86% 的土耳其人知道在遭遇困难时应该向谁寻求帮助。虽然许多土耳其人无法"修复"周围发生的事情，但他们总是可以依赖朋友、家人和 keyif。

这个词在土耳其文化中相当普遍，甚至可以被用于各种活动（或者经常可以是"不算活动的活动"）。因此，看电视可以升级为电视 keyif，只要你是躺在沙发上看一些轻松的节目，有意识地体味当下，摆脱一切压力。你可以将 keyif 加到你想要做的任何事情的末尾，例如"阅读 keyif""啤酒 keyif"，甚至"星期天 keyif"。

"因为 keyif 就是轻松地做事，所以你可以把它用在大多数事情上。"梅利斯解释道。"溜达 keyif"，意思是你与某人约见，然后漫无目的地散步和聊天（梅利斯说："我推荐这款！"）。还有"小酒馆 keyif"，在餐厅喝拉克酒、吃开胃小菜。拉克酒（Rakı，i 上去掉一点）是用蒸馏过两次的葡萄果渣（那种固态的残余物）加上茴香调味制作而成的。土耳其的国民饮料是将水从杯子的一侧倒入你的拉克酒，直到它变成混浊的白色。"我们称之为'狮子奶'。"梅利斯说。大概是因为它看上去挺清白的。但我的向导告诉我，它实际上"相当、相当烈"。一边大口喝狮子奶，一边吃东西，这是一项可以持续数小时的活动，你跟朋友或家人围坐在一张大桌子旁聊天、吃饭，不用考虑时间的流逝。"不像在伦敦，他们希望你两个小时内就把桌子腾出来，"梅利斯说，"在土耳其，我们可能晚上 8 点开始，一直持续到凌晨一两点。"土耳其看重的另一个词是"微醺 keyif"，奥利维亚告诉我："意思是你没有喝醉却并不完全清醒，但你已经开始忘乎所以了。"好，"微醺 keyif"就是周末的目标了！

还有"烧烤 keyif"，你可以在博斯普鲁斯海峡畔或任何户外绿荫下打造 DIY 餐厅，烧烤蔬菜、鸡肉、鱼或羊排。你会看到一拨一拨的人和他们的烤肉钳子、他们的音乐、他们一箱箱的冷藏食品和一大壶茶。茶在土耳其文化中很重要，他们自然也有"茶 keyif"，去朋友或邻居家喝茶、吃点心，畅聊八卦。土耳其茶是用松散的叶子制成的（请不要用茶包，谢谢），这些红茶盛装在曲线优美的小巧茶杯中。咖啡也很重要，甚至有人会替你算命。"你喝了非常浓稠、像泥一样的咖啡，然后把残渣倒在碟子上，等沉淀物沉积下来，就能预测你的未来了。"梅利斯告诉我。年轻人也很迷这个，多数是女性，而且大多只是为了好玩，但有些特别迷信的人会专门去城里找某些以咖啡渣算命为生的老女人。"她们有时简直神准。"梅利斯确定地对我说，而我正试图掩饰我的怀疑。"不骗你！我不信这个，但她们说的有些事真的很准，神得很。"我保证会试一试，前提是我之后再体验一下"茶 keyif"。

如果你在这些放松之后还有精力，没什么能比"峡湾 keyif"（也就是沿着博斯普鲁斯海峡漫步）更让土耳其人沉迷的了。这是相当具有标志性的土耳其文化，很多歌曲和诗歌都跟它有关，而且每一部土耳其电影都至少有一处在博斯普鲁斯海峡边漫步的场景。眺望大海，惊叹于闪闪发光的博斯普鲁斯海峡，你还可以宣称拥有史上最伟大的keyif，即"伊斯坦布尔 keyif"。"伊斯坦布尔人比任何人都更放松，我们真的很擅长 keyif。"梅利斯说。尽管她承认她可能有失偏颇。

keyif 被如此奉若神明，以至于土耳其人用很多短语来确认某人的快乐和享受是否受到妨碍，比如"你感觉还好吗？""好好享受吧！"，还有对人最大的恭维："信奉快乐至上的人"。但是我们并不能主动追求这种程度的 keyif。"如果你用力过猛，就不是 keyif 了。"奥利维亚告诉我。我尽量不流露出失望的表情。"从你开始投入大量精力的那一刻，就不再是 keyif 了。"她说。因此，如果你对装潢、食物，或随便什么正在做或没做的事过于认真，你就会错过 keyif。"因为 keyif 不是事情的外在，"奥利维亚说，"它是一种舒适和轻松的状态。你得……淡定。"

土耳其人很看重淡定，十分推崇"放轻松"。"所以，如果有人在忙什么事情，我们会说'希望它对你来说不难'，"梅利斯解释道，"我们总这么说。你可以早上对办公室里的某个人这么说，你在街上碰到建筑工人时，你也这样对他们说。"土耳其人甚至会对健身房里的人说"希望它对你来说不难"（我就要这种类型的锻炼……）。对土耳其人来说，keyif 式放松身心是一种艺术形式，不可以对它抱以嘲讽的态度，也不能匆忙完成。

"也许是高温，也许是我们国家自古以来必须面对的那些问题，反正 keyif 在土耳其确实很受珍视。"梅利斯说。她告诉我，土耳其的这种精髓很难输出到世界其他地方。"但我会一直努力的。"她补充道。现在你们也可以了。

# 如何体验 keyif

## 1.

从喧嚣中抽身片刻。你可能没法去博斯普鲁斯海峡，但我打赌附近至少有一汪池塘，一片湖泊，或一条河之类的。

## 2.

吃饭的节奏更悠闲些。看看你的晚餐时间能延长多久。玩玩西洋双陆棋吧（已经是你的常规活动了吗？很不错，keyif 值多加几分！）。

## 3.

多看看附近的景色，或尽量远眺，留意你此后的感受。记得呼——吸——

## 4.

享受闲散的时光，不用感到内疚。"希望它对你来说不难！"

**美国**

一

**Homeyness**

"具有家的特质"

# Homeyness
## "具有家的特质"

　　名词，意思是"具有家的特质"。这个词最早出现于 19 世纪中期，表示赋予某件事物"像家一样"令人舒适的属性。它通常用于形容室内装潢或手工制品所具备的"舒适、亲密"的特质，特别用来表示事物的简单质朴，意味着返璞归真。

# 一
## 美国

诺拉坐在从小伴随她长大的这张餐桌旁。这桌子当时只要 18 美元，是从她曾经繁荣的家乡一家现已解散的纺织厂购买的。她摩挲着上面蕾丝状的花纹，它们是一百年前的针线手艺。她想象着那些留下这些痕迹的女性，像她一样的女性，她们努力为家人创造更好的条件。"我有时过着多年前的女裁缝的生活，"诺拉告诉我，"没热水的时候，我会在客厅里用澡盆给我的孩子们洗澡，洗完后，把肥皂水从前廊泼出去。我在两平方英尺的操作台面上准备节日餐，感受到自己与曾在这个地方生活的人产生了某种联系，一种同志情谊，她们曾经在这里亲手劳作。"诺拉缝制衣物、烘烤食物、用钩针编织东西，还为她和朋友的孩子们画装饰木质字母，并且以此获得一种特殊的满足感。"我在整个制作的过程中都会想到她们，就在这张桌子旁，仿佛迷失在一个狭小快乐的世界里。"有时候，她不画字母了，停下来缝制一个玩偶或调制一些"可以用黄油大量涂抹的东西，使房子闻起来香香甜甜的"。诺拉觉得这能舒缓心情，"我的大脑和双手同时忙碌起来，一切不完美的事情在这一小会儿看上去都非常完美。"

这就是 homeyness。不要将它与 homeliness 混淆了，后者表示缺乏魅力或平淡无趣。也不要与 homie 混淆，这是用于表示"老乡"的俚语。homeyness（即"像家一般"的特质）让人联想到靠垫、收藏品、钩针编织的物品、工艺品桌和许许多多木头。它基本可以算作薇若娜·瑞德 1995 年的电影《恋爱编织梦》的情绪板 [1]。它在美国相当重要。斯蒂芬是我一个朋友的朋友，她来自马萨诸塞州。她告诉我，要让一个地方令人感到 homey，那里必须舒适、友好。"得有我母亲做的鸡汤和烤面包的味道，"她说，"还要足够干净，这样我就不会因为要打扫而焦虑，但要有足够的装饰物或物品堆放杂乱的样子，让人感到生活在里面很温馨。"任何过于现代的东西都会令人感觉冰冷，冰冷是 homeyness 的对立面。

德鲁是来自盐湖城的针织工，他告诉我，homey 是温暖和亲密："指在快乐氛围中分享事物……所以是的，我喜欢一个有美感的家，用来孕育那些特殊时光，而不是仅仅一个看起来不错的地方。"homeyness 优先考虑的是舒适而非风格，这意味着斯堪的纳维亚式的功能极简主义会令美国人震惊。我朋友杰森的母亲是波士顿人，她第一次去儿子在丹麦的纯白色斯堪的纳维亚公寓时，大吃了一惊（"杰森！这就像个宇宙飞船似的！"），以至于她还问是否需要"对着门上的一块板子

---

1 通常是指一系列图像、文字、样品的拼贴，用以视觉呈现，来表达对某一主题的看法或感觉。

说话才可以打开浴室的门"（"呃……不用吧……？"）。homeyness 也与快节奏的都市生活无关。相反，它是放慢速度的理由。瑞秋来自加利福尼亚，是绗缝人、编织工及刺绣爱好者，她说："homey 意味着拥抱生活的平凡，手工制作会迫使你放慢速度。"它也是我们在这个庞大而邪恶的世界中能获得的慰藉，是逃离现代生活的避难所。长期看来，鸵鸟心态并不能站得住脚，也不可取。但 homeyness 能帮助我们重新调整、恢复能量、提升我们的同理心，然后再回到战场上。如果把它作为一种策略，或许有可取之处呢？

诺拉便这么认为。后金融危机以及特朗普上台威胁了许多人的美国梦，正如诺拉所说："生活没像我们原先计划的那样展开。"拥有一份稳定工作，能够支付账单、买一幢有着白色尖桩篱栅的房子，还能剩下足够的钱为美国家庭的平均 2.4 个孩子存作大学基金，这样的想法现在看来似乎是幻想。当诺拉和她的丈夫生下第一个孩子时，他们仍在租房子住，但他们渴望让自己的儿子也拥有他们记忆中的童年。"我想要一个像家一样的地方，即便我只是暂时住在这里，"诺拉解释说，"因此，像所有坚定的母亲在不太理想的情况下长久以来所做的那样，我开始认真制作手工制品来弥补生活的缺憾，仿佛我必须依赖它们生活。"

创意产业协会的数据显示，越来越多的美国人开始做这件事，有半数美国家庭会参与至少一项手工艺活动。他们的主要动机是怀旧。来自佛罗里达州的十字绣爱好者、会自制面包和肥皂的蕾切尔说："我很高兴可以做一些我奶奶以及她的长辈曾做的事情。我们有意识地与'过去的时光'重新建立联系。"马萨诸塞州的史蒂芙补充说："我喜欢那种感觉，一件事物得到几代人珍惜。能够拥有和使用我姨奶奶手工编织的毯子，真是太棒了。"

与我谈天的所有手工艺者都坦言，他们拥有《草原上的小木屋》[1]那样的第二自我，而且他们很珍惜在一个"新"国家与过去建立联系。实际上，美国不算"新"了。第一批移民来自42 000至17 000年前的亚洲，到了1492年，老克里斯托弗·哥伦布也到达这里，欧洲殖民者的喜悦和摧毁土著人的不胜其数的疾病也随之而来。1776年7月4日，美国人发表了《独立宣言》，那时美国的十三个殖民地宣布独立，不再是大英帝国的一部分。对许多人来说，这就是这个国家诞生的时间。在欧洲的美国人经常发现一切都是"古老的"——不论是风俗还是建筑。为了寻找类似的代替品，许多美国人对家谱产生了浓厚兴趣，我见过的每一个美国人都会详细告诉我他们如何是"四分之一的这个"和"八分之一的那个"。DNA测试服务的兴起以及"家谱地图"的出现，

---

1 这是一个小说系列，记录了主人公一家在美国西部拓荒热潮中四处迁徙，用双手打造温暖的家和舒适生活的故事。

可能让外人感到困惑，但《时代》杂志发表的一篇文章称家谱是美国"新型色情片"。作为一个移民国家，美国的移民已经在各种程度上彼此同化了，寻找家谱仿佛意味着通过厘清过去，走向未来时你可以不那么孤单。

被子则可以被视作美国本身乃至构成"合众"国的不同民族和文化的隐喻。正如一床被子有时是由许多小块拼接而成的，每个小块都有自己的颜色、面料和过去，它们被粗线脚缝起来，然后拼接成一个统一的东西，美国（在状态最好的时候）也可以说是由它各个部分精诚协作、组合而成的。从这个角度而言，被子是现代美国的象征，而且似乎比过时的"大熔炉"或"沙拉碗"（众所周知，蔬菜叶子会枯萎)这样的类比更为可取。因此被罩可以拥有政治内涵。"我们很自豪，我们是移民国家，但我们也想了解自己的根，"就像一位朋友说的那样，"我们想要我们的历史。"homeyness 一直是其中的主要内容，好莱坞布景设计师甚至会寻找特别的被子或针织物品来为人物铺垫一种旧时光和家族历史的感觉。我多年来到访过美国各地的家庭，经常感觉许多美国人是以同样的方式"布景"的，使用"像家一般"的道具和背景来打造一幅有关过去的拼贴画、展示自己的家庭和价值观。对于那些在数字世界中长大的人来说，与过去发生联系、获得 homey 的感觉非常具有诱惑力。

根据创意产业协会的数据，如今美国最庞大的手工艺者群体年龄小于美国人的平均年龄，千禧一代认为社交媒体是他们的灵感来源（只需输入"手工艺"，把它当作你喜爱的宣泄情感的方式，你可能也会上瘾）。许多人也提到，亲自制作东西很有吸引力。"如今好像一切都变得越来越自动化了，所以，能够制作一些可触摸的东西，不用看着屏幕，这种感觉很踏实。"蕾切尔（就是做肥皂的那位。专心点……）自称是千禧一代的人，她便如此描述这种冲动。还有环境方面的考虑。随着升级回收和 homey 手工制作越来越流行，人们开始重复使用和珍惜旧的事物，这比每次购买新产品浪费得少。"千禧一代非常有环保意识，"蕾切尔说，"我们看到了过去几代人的行为所造成的后果，大堡礁四周漂浮着我们的垃圾和塑料，又一次大规模的物种灭绝开始了，我们不希望这样。"除了拯救这个星球，homeyness 还可以省钱。如今，经济形势和房地产市场处于如此严峻的困境，这显得非常重要。蕾切尔告诉我："我们必须为退休生活做打算，因为社会保障、退休金或雇主的帮助都不再稳当可靠了。"对美国人而言，手工制作这件事中还隐藏着某种根本性的东西，和购买不一样。在一个执着于自由市场经济的国家，似乎一切都可以贩卖，而 homeyness 显然不可以（或者，至少它不应该被贩卖）。正如史蒂芙所说："对我而言，homeyness 只是给予，是一种安慰和爱的感觉。"

从本质上讲，homeyness 不仅仅是"洗劫"你家附近的手工艺品专门店，用商店里的东西装扮你自己的家，然后躲起来与世界隔绝；它是团结、是付出爱。在第一次世界大战期间，针织手工活作为爱国义务得以宣扬，美国人民被要求为士兵们编织 150 万件保暖衣物，为处于危险环境中的他们提供一些远离家乡的舒适感。人们如此热衷这件事，以至于 1915 年纽约爱乐乐团在演出途中不得不请求观众休息一下，因为穿针引线的噼啪声会干扰表演。1987 年，一群陌生人聚集在旧金山，开始织"艾滋病纪念被"，以此纪念他们担心被历史遗忘的生命。许多人仍然组成团体做手工制品来行善。德鲁把自己编织的帽子和围巾捐赠给当地的流浪汉收容所。"这不是完全无私的行为，"他告诉我，"我很幸运，我的爱好正好与他人的需求一致，而且我喜欢有事可做。盐湖城的冬天可能会非常冷，所以我能做点贡献也很好。"诺拉、斯蒂芬、瑞秋和蕾切尔都提到，她们的手工制品能够给别人带来快乐，这对她们而言是一个很大的动力，能使她们始终将这种热情作为爱好而不是当作商品出售。这种方式使她们的爱好保持了一种特殊、简单的纯真。

更多男人也开始做 homey 的事情了。虽然德鲁有时候是他"针线圈"里唯一的男人，他的许多男性朋友也开始做一些编织或钩针的活计了。这是很聪明的做法，因为哈佛医学院的研究发现，针织手工活可以减轻压力甚至降低血压。蕾切尔从一位男同事那里学会了制作肥皂，她还认识一个对插花感兴趣的男手艺人。但是，她注意到，"我认识的大多数男人，至少在表面上热衷于传统上更具'男子气概'的活动，比如制造和修理东西。"蕾切尔的丈夫已经开始学习基本的木匠技能，诺拉的丈夫则对酿造啤酒"入了迷"。调查还表明，热衷于制造的男性比我们过去想象的多得多。听起来相当不 homey 的创意产业协会研究发现，参与创意活动的男性过去被报道得太少了，油画、绘画、木制工艺品和家居装饰是现代绅士的最爱。今天只要在布鲁克林附近漫步，你就可以看到一帮大胡子潮人疯狂地踩着单车往家里赶，要回去削木头，速写一幅水彩画，或者忙他们的蚀刻铜版画。

无论让你 homey 的兴趣是什么，它都能增强你的幸福感。旧金山州立大学研究人员发现，挑战自我去做一些不一样的事情，会帮助我们的大脑创建新的神经通路，学习一项新技能也可以使我们更快乐。发表在《牛津教育评论》上的一项英国研究发现，发展爱好能对幸福感和抗压能力产生正面影响。根据伦敦大学的研究，学习一项新技能也会对自尊心产生直接影响，还能赋予我们一种意义感，并且有助于拓宽我们的社交圈。或者用我那位得克萨斯州的朋友贝卡的优美语言来形容："编织就是共同体。"

蕾切尔同意这种观点："这是非常具有社交性的活动。我的妈妈会去被子社团，所有年长的女性在那儿每月一聚，做手工绗缝或拼接被子的活儿的时候，她们会一起回忆过去、分享故事。我喜欢这种人与人之间的联结。"加利福尼亚的瑞秋（那个绗缝人）指出："想想美国的历史，女人总是聚在一起创造着什么，无论是制作军官制服还是谋划抗议行动。所以，homeyness 是女性团结在一起的方式。"它也是表达爱意的一种方式。

贝卡很怀念睡在厚厚的被子及"那些补丁和缝线底下的爱的感觉"，用史蒂芙的话来说，"如果有人花十几个小时或更长时间为你手工打造了一个例如毯子这样的礼物，那是因为他们爱你"。蕾切尔同意："我喜欢环顾四周，感受我们对这些东西付出的热爱。"因为创造一些 homey 的东西是对爱的实际表达，homeyness 代表着幸福，或者说是今天许多美国人能获得的最接近幸福的事物。那么就去做手工吧，让你的空间和爱好都更加 homey，然后与他人分享这些成果，或许你会有不一样的感受。

# 如何获得 homey 的感觉

### 1.

制作一些东西，无论是饼干、装饰垫、棉被、针织品、艺术品还是家酿啤酒；就用你的双手做点什么吧。

### 2.

找到你的集体、你那拥有古老灵魂的社群，然后尽可能多地与伙伴们聚在一起，制作你们的 homey 之物。

### 3.

分享你的创造，把它当作礼物送给你爱的人。

### 4.

珍惜别人为你制作的礼物，珍惜倾注其中的关怀和心意，认识到你对于他人的意义。

### 5.

接受凌乱。把你的斯堪的纳维亚设计原则放在一边，就放那么十亿分之一秒（给我自己的提醒），感受 homeyness 带给你的那种幽闭的爱的拥抱。如果感觉有效，你可以重新考虑铬合金材质的金属，把你的房子打造成一个 homey 的避风港。

美国夏威夷

一

Aloha

"善意"

# Aloha
## "善意"

　　名词，意思是爱、理解、同情、善良、尊重和宽恕。它的起源可追溯至公元 500 年，即波利尼西亚殖民者第一次抵达这些岛屿的时候。夏威夷学者玛丽·卡薇娜·卜奎指出，aloha 最初用于表达父母与子女之间的爱。它常用作问候语，也是美国夏威夷的一种生活方式，是一套关于如何与自然界以及其中的每个生命体互动的指导原则。

## 美国夏威夷

作为巴拉克·奥巴马的出生地和冲浪发源地，美国夏威夷在"酷炫"这一方面已是超常发挥。但 aloha 毫无疑问是这里最重要的出口产品，这是罗布说的。他是我朋友的朋友，来自瓦胡岛。他将成为我的导游，我们要去一个用詹姆斯·泰勒的话来说"我从来没去过但真的很想去的地方"（大致是这么说的）。好了，所以夏威夷本身并不是一个国家，但它胜似一个小小国度，拥有自己的岛屿文化，与美国其他地方的区别放在这本书里都说不完。而且，它可是夏威夷啊，这里有棕榈树、凤梨、大海、沙滩、草裙舞和 lei——"花环"。这个位于太平洋中部的小小美国岛屿几乎没有什么地方不招人喜欢，正是夏威夷的 aloha 精神让岛民们如此幸福。他们的确很幸福。根据盖洛普咨询公司的研究，夏威夷居民的幸福状态在全美排名第一，只有 32.1% 的夏威夷人表示他们每天都会感受到压力。

"aloha 的意思如此简单而又如此复杂，"罗布说，"原因就在于它对人的要求。"他从一种无私的爱和责任感的角度来描述这些事，听上去实在很像卡薇娜·卜奎所写的那种亲子关系。"aloha 精神经常被用于形容身在夏威夷的人所拥有的那种热烈的欢迎情绪。"他补充道。

那种情绪是真实的吗？我发现自己在问——我真是个疑心病重的英国人。"哦，是的！"罗布坚持说，"它的起源完全是纯粹而天然的，与岛屿的天性、岛民和真正的夏威夷文化的价值观有关。"

赞恩是一名来自拉海纳的职业冲浪选手，他也很认同这个观点："aloha 是一种生活方式。它不仅仅是一声问候，还是善良、和睦、谦逊、耐心、坚持、和蔼可亲。一直如此。"我为此着迷。幸福感调查通常不太会把"友善地对待彼此"当作一回事。关于目标等级的幸福比较研究或调查很少会罗列"午餐时鲍勃对我有点生气"或"吉尔好像很不爽"这样的选项，但赞恩没说错：亲和力是一种被低估的人类品质。虽然我们现在都知道幸福应该来自内心（不是吗？），但是我们都更愿意跟令人愉快的人相处，而不愿意跟一帮消极鬼在一块儿。"毕竟,你凭什么拿你的坏脾气去影响别人的心情啊？"赞恩问道。有道理。他告诉我，即使夏威夷人度过了糟糕的一天，他们也可以打起他们的 aloha 精神，"迎头赶上"，渡过难关。

在夏威夷，给人打招呼最常见的方式是 shaka，即挥舞三根手指头，中间的两根手指弯下去，另外三根指头骄傲地晃着。据说这是一位友善的老人发明的，他总是喜欢向路人挥手。他曾因一次园艺事故失去了中间两根手指。赞恩说："本来他可能因为这事而发疯或抑郁，但是他心胸特别开阔，还是经常用受伤的手挥手。"人们也向他挥手致意，并且也一致弯曲中间的指头。这个手势开始流行起来，一个夏威夷电视新闻记者在节目结束时也使用这一手势来向观众告别。赞恩解释道："他的口头禅是'更多惊人爆料（shocker），下次再会'，由于带了点口音，听上去像是 shaka，这个名称从此固定下来。"如今，shaka 是一种向别人展示 aloha 精神的日常表达方式。他说："他们在沙滩另一头给你一个 shaka，然后你回敬一个给他们，表示对他们的致意与感谢。"夏威夷文化中最为重要的就是感恩。

早期的夏威夷人对环境抱有非同寻常的尊重，对生态系统有一种直观理解，早在我们了解其背后的科学道理之前就已如此。赞恩说："最早的殖民者会眺望大海，发现世界并非始于地平线，而是始于天堂。"他们能看到海水蒸发时被吸入云层，变成雨水降落，滋润河流，最终又汇入大海。"水在夏威夷非常神圣，"赞恩告诉我，"它是土地和水源的命脉，关系着森林和珊瑚礁的健康。我们有一句古老的谚语，'水即生命'。我们以之为生。"

几个世纪以来，出于 aloha 精神，夏威夷人与周围环境和谐相处。"土地和岛民之间维系着一种惊人的平衡，"罗布很认同，"夏威夷人并不认为自己拥有这些土地。相反，我们是这些岛屿的一部分。"这是他的原话。因此，夏威夷人感到对这些岛屿的幸福负有全方位的责任。"爱护环境"，所有夏威夷人都带着这种责任感长大，他们也做一些"恭敬的"抉择，这些抉择将有利于社群、环境，以及大多数人的利益。夏威夷州的箴言是"土地的生命在公义中永存"，总结了人与土地之间的关系。山顶上的水向下流入珊瑚礁，把夏威夷的主要岛屿分割为楔形，夏威夷人自古便以合作的方式耕种他们所拥有的这方岛屿"切片"。社群共享资源，并协同陆地和海洋的自然节奏来劳作。这种共同劳动的体制意味着人们拥有充足的休闲娱乐时间，充足到人们甚至将冲浪发展为一种艺术形式。全夏威夷的人都会冲浪。

罗布说："我一辈子都在和海洋恋爱，冲浪绝对是我成长过程中最热爱的事。"赞恩把海洋称作他的"教堂"，他很会用滑板，甚至可以在海浪里做倒立（我不太了解冲浪，但我不能在土地上倒立，所以赞恩令人印象深刻）。我们今天所知道的冲浪起源于夏威夷。20世纪初，卡哈纳莫库公爵首先将这项运动带到世界其他地方。进一步搜索这位"公爵"（倒不是一件苦差事），我发现了他冲浪时打高尔夫球的照片（他这么擅长冲浪和高尔夫啊）；他还在冲浪时让一个女性朋友摆出女超人的姿势站在他的肩膀以及其他一些部位上，看起来好像要通过相机镜头让你怀孕（至少这是我的切身感受……）。作为一个相当多才多艺的人，公爵还有时间担当执法人员、演员、沙滩排球运动员、商人和获得多枚奖牌的奥运游泳运动员——我们这些人相比之下像是懒鬼似的。那么，他拥有如此多的角色又如何怀抱随和的冲浪者心态呢？

"哦，你还必须得工作，"赞恩说，"工作、钓鱼、玩耍，无论做什么，你都得尽力而为，并且乐在其中。不一定一直嘻嘻哈哈，而是要保持良好的态度和敬畏心去做事。"因为那就是 aloha 精神，是夏威夷人在动荡的历史中所坚守的东西。

1500 年前，波利尼西亚殖民者来到这里。17 世纪，仅凭星星在海洋中导航的西班牙人在这里登陆。1778 年，刚刚打扰过澳大利亚人的库克船长也抵达了。与欧洲人的接触为岛民们带来灾难性的后果：新的疾病涌入了。美国新教传教士到来不久又决心"拯救一些灵魂"，他们斥责传统的波利尼西亚草裙舞为"异教行径"。1795 年，夏威夷王国成立，统一了夏威夷岛、欧胡岛、毛伊岛、莫洛卡岛和拉纳岛。1891 年，夏威夷迎来了第一个也是最后一个女王利留奥卡拉尼。但她统治不到两年，美国便迫使她退位并且永远放弃王位。她被迫在她自己的圣殿里忍受军事法庭的审判，最终被判处五年苦役。1896 年，利留奥卡拉尼终于获得赦免，但 1898 年，夏威夷群岛被美国正式吞并。这时，学校和政府办公室彻底禁止使用夏威夷语。美国人口普查统计数据显示，到 1920 年，夏威夷原住民人口减少至不到 24 000 人。直至 1978 年，一项宪法修正案才使学校的夏威夷语教学重新合法化，"夏威夷语沉浸计划"始于 1987 年。赞恩说："今天，夏威夷语再次面向所有人教学，但是对很多人而言，他们曾经视作家园的那个地方的语言完全与他们失之交臂了。"

在近期的一次官方调查中，140 万人中仅有 14.1 万人将自己视作"夏威夷土著"。如今，只有一小部分夏威夷人的祖先可以追溯到最初的波利尼西亚殖民者，但是他们仍然致力于保护和推广传统文化。哈莱卡·伊奥拉妮·普勒·杜利，即"阿卡姨妈"，是传统夏威夷文化中最为世界所熟知的人物之一。她是一位无论走到哪里都帮着推广 aloha 精神的女性。1965 年，她出生于檀香山一个有着 21 个孩子的家庭之中，是第 43 代夏威夷人以及曾经的夏威夷最高统治者（酋长 / 女酋长）和高级祭司的直系后裔。哈莱卡接受先辈教导的知识，在没有电、电视机或任何现代化设备的情况下长大。她曾学习如何教学，然后以历史学家和治疗师的身份向世界传播传统的夏威夷智慧。在她众多的 YouTube 教程里，她把 aloha 描述为"一种与周围宇宙中一切事物的共生关系，对这种关系的认可，以及对你在其中的位置的准确认识"。巴拉克·奥巴马的就职演说之后，哈莱卡履行了夏威夷土著的祝颂仪式。直到 2014 年去世之前，她都一直致力于传播 aloha 精神，推广诸如以下的夏威夷谚语："爱的声音里藏着喜悦""距离无法阻挡爱"，还有我最喜欢的"生命蕴藏在善意的回应之中"。

因为与人为善非常重要，而同理心是 aloha 的精神内核。接纳则是 aloha 的另一种核心特质，它使人们对当前及过去的境况产生一种哲学化的看法。哈莱卡说起自己与祖母曾就库克船长对夏威夷群岛的"发现"进行的一次谈话。她询问老人应当如何用 aloha 的概念来解释夏威夷人民曾遭受的巨大伤害，祖母告诉她："不然世界又如何能了解 aloha 呢？我们又如何记住我们的天性就是无条件地爱世界呢？"这是哈莱卡后来所信奉并且向世界所传递的信息。2014 年，她告诉《瑜伽中心电视》（我才知道这个节目备受欢迎）的观众："挑战是我们最伟大的老师，它向我们揭示自己真正的面目。"

今天的夏威夷人仍然面临许多挑战，一些人担心 aloha 精神受到威胁。每年，这些岛屿吸引着超过 800 万的游客，他们一方面带来了钱，另一方面也带来了诸多新情况。罗布说："拥入的人口和大规模的发展带来了噪声，伴随我长大的真正的 aloha 精神正面临着被这些噪声淹没的风险。"他担心这会给一个素来随和而高产的岛屿造成压力。果然，许多夏威夷人对旅游业十分反感。"我们在水资源权益方面也遇到了麻烦，"赞恩说，"溪流被改道，岛屿上的珊瑚礁也日渐消失，因为就像蜜蜂为植物授粉一样，洋流从这些珊瑚礁中汲取不同的花粉并将它们传播出去。"但赞恩仍然保持着乐观的态度，他说："我们试图主动教育来到夏威夷的那些人，我们还会继续为此努力，因为 aloha 主张和谐、同情和尊重。所以，只要这种精神还在，夏威夷就没事儿。"

难就难在这儿。aloha 意味着你每天都得做一些既使你自己受益，也会有益于你的家庭、你的土地、你的朋友和文化，因而有益于整个社群集体幸福的抉择。这是夏威夷的幸福，正是它使夏威夷文化在世界范围内深受喜爱。"如果你是夏威夷人，无论走到哪里都会收获非常多的温暖，"赞恩说，"每当我说出自己的家乡时，人们会两眼发亮。这个地方赢得了很多善意，仿佛即便是不能完全理解 aloha 精神的人也可以领会它。这非常特别。"

# 如何培养你自己的 aloha 精神

## 1.

向你遇到的人致意，怀着温暖、热情、开放的心态问候他们。

## 2.

尊重你周围的环境。我昨天在沙滩散步时捡了垃圾，因为我厌倦了对此叽叽歪歪，我觉得应该采取一点儿行动。今天我发现其他人也在清理。

## 3.

更加和蔼可亲。试着对别人说"真不错"，看看效果如何。

## 4.

重新建立与水的联系。试试冲浪，报名参加一个皮划艇课程，或者只是去游泳，看看你的身体将回馈你什么。

英国

一

Jolly

"欢乐"

# Jolly
## "欢乐"

　　形容词，意思是欢乐的、高兴的，与一个人的风格或情绪有关。它也可以和 hockey sticks 或者 good show 连用，表示强调。这个中世纪英语单词源于古法语中的 jolif（是 joli，"漂亮"这个词的雏形），乔弗里·乔叟在《坎特伯雷故事集》里面使用了它。如今这个词与"英国性"密不可分。

# 英国

无论是水果蛋糕、遛狗、闪电战精神[1]还是烤面包蘸溏心蛋，英国人喜欢一切让他们感到"欢乐"的事物。虽然这个词在美国可能会跟"圣诞老人"和"假期"搭配使用，但它本质上是一个非常具有英国特色的词。如果将 jolly 放在词典中的任何一个单词前面，你听上去会像极了 20 世纪 40 年代的空军妇女辅助队队员或 P. G. 伍德豪斯小说中的某个人物。这个词经常被用于夸大表示欣赏的程度，例如"一个大好人"(a jolly good fellow) 或 "一个非常快活的夜晚" (a jolly fun night)，而 jolly good show 则用来表达对已经说过或做过的事情的称赞。那句尤为怪异的短语 jolly hockey sticks 则指一种活泼热情的公立学校女生类型，是由女演员贝利尔·里德在 20 世纪 50 年代的广播节目《教教阿奇》[2]里造出来的 (这可以作为酒吧竞猜游戏里的问题)。像英格兰的大多数事物那样，这个词具有强烈的阶级内涵。那些在现代大声说出这个词的人往往是上流社会成员，但它作为一种感情则是属于大众的。

---

1 指面对困境仍保持坚忍、坚定，通常形容一群人。这个词源于二战时期，英国人即便面对德军空袭，也没有出现精神危机。"坚忍"一词与英国国民性相关。
2 BBC 一档备受欢迎的周日午间喜剧节目，播出于 1950 年至 1960 年间，表演者是口技演员彼得·布劳和他的玩偶阿奇·安德鲁斯。

jolly 是一种非常英式的快乐，近似于普通英国人对上帝的敬虔之情。虽然英国人不喜欢交谈这一点可能已经成为过时的陈词滥调，但仍然有很多英国人宁可谈论天气也不愿论及自身的感受。英国的社会问题研究中心对英国人情绪状况的一项调查发现，只有不到 20% 的人承认他们在刚过去的 24 小时之内表达了情感。相比之下，高达 56% 的人在过去的 6 个小时里谈到了天气。这是因为温和的天气在英格兰是个安全的话题。永远不会太热，也很少太冷，没有任何值得谈论的自然现象，而且我们有幸享有毫不令人激动的温和潮湿的四季，除了全年都需要穿长筒靴之外，大多数情况下没有什么需要注意的地方。有一次，风大到把我们带轮子的垃圾桶吹翻了，但这很少见。

英格兰的天气确实为各种 jolly 的互动提供了破冰素材，通过这个开场白，我们将聊下去，直到有信心开启更严肃的话题。一旦我们达到亲密的顶点，又会匆匆回到天气的话题上去。有时候也会谈谈花园或宠物。许多英国人发现对动物表达情感比对人类同胞表达情感更容易（例如，我公公喜欢通过谈论狗的性格来谈论他自己的心理健康状况）。好吧，即便我们没有在这些草率的闲谈中深入我们的灵魂深处，至少我们已经建立了联系，并且通过基本的人类互动刺激了血清素的产生。通过这种方式，不论是关于倾盆大雨或绵绵细雨的 jolly 的天气谈话都会发挥各种生存机制功能，使人从自己的绝望旋涡中抽离出来。

因为绝望不是很"英式"的东西。

以我的朋友卡罗琳为例。她最近手头忙翻了，面前一大摊子。她做蛋糕生意，需求量很大，所以我这话在字面意义上和比喻意义上都没错。但是，她生病了，又为钱担忧，家庭琐事多，还有一个喜欢在沙发上涂鸦的儿子（他是我的教子，所以我得称之为"艺术"），这一切都意味着她很忙，而且经常是筋疲力尽。"但是没有必要抱怨，对吧？"她在一个周二的早晨这样告诉我，窗外正下着瓢泼大雨。她是阳光、是纯粹快乐的各种形式的化身，但仍然会很开心地在适当的时候骂几句脏话或者来几杯酒。在我看来，她象征着英格兰所有美好的部分，是 jolly 的典范。"我想我可能天生如此，"她说，"但这也是一种特别的英国特色。"因为从《密探笑面虎》到英国六人喜剧团体"巨蟒小组"的《布莱恩的生活》，这个王室岛国的人努力去看到生活光明的那一面。"我很难长时间地不开心，"卡罗琳道，"即便是今天早上，我有点郁闷，关于家里的事、钱的事，然后我看到利德超市外面有一条狗试图推一辆手推车，我就立即眉开眼笑。'瞧瞧那条可爱的小狗！'要么我出去散步，然后看到一只兔子，就觉得生活更阳光了些。'一只小兔子！'这么说真的有点神经……但我认为英国人有一种性格特征，就是善于在小事中找到乐趣，"她说，"这能帮你打起精神来。"

我和卡罗琳二十年前因为热爱《欢乐满人间》[1]成为好朋友。你没听错：波平斯。或者更确切地说，是朱莉·安德鲁斯所扮演的一切角色。对于不熟悉的人我有必要解释一下，朱莉·安德鲁斯女士是一位英国演员、歌手，她在优秀的电影中扮演主角，包括《音乐之声》《蜜莉姑娘》，当然还有《欢乐满人间》。她在《欢乐满人间》中扮演一个近乎完美的英国保姆。但这位女演员自己的人生起点并不完美。她写回忆录透露，她出生于赤贫家庭，是婚外情的产物，有两任继父，第二任是一个暴力的酒鬼。但朱莉始终保持 jolly。她自幼便拥有受到所有人称赞的"近乎完美"的歌喉，但是她会真心实意地自谦，仅用"几英里外的狗会被引来"这句话来评价自己四个八度的音域。在她的整个职业生涯中，她避免演唱悲伤、令人沮丧焦虑或用小调谱写的歌曲，因为这些歌曲绝对不 jolly，她偏好演唱"明亮而阳光"的歌曲。因为如果你是玛丽·波平斯，jolly 就很重要了。1997 年，她因疑似结节接受了喉部手术，但手术出了错，永久性地损坏了她的声音，她高昂的高音降至脆弱的中音。这位不朽的战士拒绝让这件事影响她的心情，她那时表示，至少她现在可以"大声演唱《老人河》了"，因为这首歌的低音出了名地难唱。她展示了一种 jolly、有干劲的闪电战精神，重新将自己塑造为作家、

---

1　又译《玛丽·波平斯》。

演说家和演员，她现在正以八十三岁高龄经历职业生涯的复兴（而且告诉你吧，她仍然看起来非常漂亮）。朱莉，如果你正在读这本书的话，卡罗琳和我向你致敬，你是 jolly 的高等女祭司。此刻如此，永远如此。

英国人太喜欢采取积极乐观的态度，以至于任何不这么做的人都会被贬低，反正至少不会被邀请去享用下午茶和司康饼。"我很难和那些有点黛比·唐纳[1]的人在一起，"卡罗琳承认道，"因为我就不是这种人。我没法那样，所以当别人那样时，我会想：'哦，得了吧！你怎么还在抱怨？这已经过去好几个小时了！'"我告诉她我也差不多有同样的感受。就在今天早上，一个着急送孩子上学的妈妈冲我翻了个白眼，我还来不及理性地想她也许只是今天很不爽，就已经在嘀咕了："吃错药了吧你？"

这种乐于 jolly、避免悲哀的偏好，存在于有史以来的每个儿童故事里。从《小熊维尼》中的屹耳驴到《玛蒂尔达》中的特朗西布尔小姐和比崔特斯·波特童话书中的麦格雷戈先生，它们都普遍认定一个事实，"脾气暴躁的人总是坏人"，就像我儿子所说的那样。与其沉湎其中，不如我们都与之和谐相处下去，要么步伐轻快地走着，释放内啡肽，要么享用一杯茶和一块饼干。要不就笑话利德超市外面的一条

---

1 指代总是喋喋不休、令人扫兴的抱怨狂。

狗。无论做什么，我们都应该致力于克服萎靡、回到 jolly 的状态。生闷气特别不好，怒火中烧或老是记仇也都不受欢迎。"你当然可以生气，"卡罗琳说，"但你最好快速地处理好它，回到 jolly 的状态，继续你接下来的生活！"

这种冲动是我们这些在英国长大的人从小就从经历过二战的祖父母那里吸取的力量。卡罗琳回忆道："不苟言笑和战时闪电战精神对他们来说是非常真实的概念，这些概念传承了几代人。"这是出生于 20 世纪 80 年代初以前的人思想中根深蒂固的东西，我们中的许多人都试图将习得的这些精神传递给自己的孩子。这并不是说我们都带着缅怀的情绪来看待第二次世界大战。我们并不这样。而且英国人努力设法解决挥之不去的殖民罪恶感，因为"大英帝国"曾支持人们做出了超过我们公平份额的"严重犯规"行为。鼓舞人心的"保持冷静并坚持不懈"的心态并不意味着我们要逃避责任或无视我们行为的后果。jolly 也不是把头埋在沙子里的借口（最初可能是别人的借口……）。但无论你如何整体看待这个国家的历史或军事侵略，"闪电战精神"都代表了一种非常特殊的同志情谊、坚忍精神和意志力。

1997 年，戴安娜王妃逝世，据说由此迎来了一个更加情绪化的新英国。那是英国人第一次集体进行哀悼：让眼泪尽情流淌，在许多陌生的目光里哭泣（这在以前可是闻所未闻的）。场景非常壮观，公众哀悼和举国悲痛像洪水般漫延。瓶子的软木塞一旦被打开，就一发不可收拾。电视上的真人秀现在经常展示参与者的哭泣或欢呼，我们也越来越（慢慢地）擅长展示我们的情绪，不论好坏。

那么，英国人不苟言笑的乐观和 jolly 的专属品质要消失了吗？"我不这么认为。"卡罗琳说。她指出，电视节目单上《英国好声音》每季更新播出时，都会有佩内洛普·基思在评选"年度最佳村庄"，要不就是有个六十岁以上的人在小船上晃晃悠悠地走来走去。我们正学着如何平衡 jolly 与真实情绪。显然，这是一种整体而言更健康的方式。我们最受欢迎的喜剧演员都会为我们提供这种特殊的欢乐，我们表现出的滑稽绝无仅有。英国人以他们的幽默感为傲，我最喜欢的事情就是可以打开电视或收音机，或下载播客节目，听听我所知道的最有趣的人用那种独特的英式语气和音色说话，他们就像在直接跟我对话一样。我们爱他们是因为他们就像我们自己，或者更确切地说，是我们自己最聪明的那个版本，尖锐、狡猾、讥诮，无论发生什么都绝不放弃。状态最好的时候，我们都是斯蒂芬·弗莱。在晴好的日子，充满欢乐的气氛中，我们都是詹妮弗·桑德斯，或汤米·库珀，或莱尼·亨利。在我们最优雅的时候，我们都是梅尔和苏。（来自英国以外的读者：查查他们的资料吧！）

"做一个英国人永远意味着保持 jolly。"这是卡罗琳的预言（她能制作超好吃的蛋糕，我哪敢反驳，我才不想阻断我未来的蛋糕供应）。jolly 是《借东西的小人》和《一分钟游戏》，是《圣橡镇少年》中赢得奥斯卡奖的夫妇，是 BBC 新闻报道反复拿联合导演克里斯·奥弗顿打趣，说他"更为人所知的身份是'综合格斗家利亚姆'"。[1] 卡罗琳总结道："我们喜欢不被看好的人，也希望我们的英雄谦虚一点。"这是真的，这解释了为什么我们不擅长在装腔作势的美国奥斯卡颁奖典礼上发言（要吐了）。我们中的许多人都过于神经脆弱，以至于没法接受任何形式的称赞，但这方面的好处是，英国人较为脚踏实地，在逆境中即使无力反抗，也可保持判断力。

2007 年 7 月，伦敦发生了四次炸弹袭击事件，一些海外人士认为英格兰首都的生活将被永远改变。但这个城市基本正常运转；伦敦人民反对政府增加安保力量和镇压恐怖嫌犯；我们拥有繁多种族的首都继续蓬勃发展。从未亲自体验过闪电战精神的人，突然表现得像他们的祖父母在近七十年前表现的那样。被牵连进爆炸余波的伙伴们在"下一班地铁"或巴士上发现，那一天的伦敦街上萌生了一种奇怪的同志情谊。这并没有削弱事件的悲剧性，只不过 jolly 是我们在顺利和不顺利的日子里的一贯做法。在美国，为遇难者家属设立表示哀思的留言

---

1 《圣橡镇少年》是瑞秋·申顿和未婚夫克里斯·奥弗顿共同出演的肥皂剧，两人后因《沉默的孩子》获得奥斯卡最佳短片出席颁奖礼。《沉默的孩子》由瑞秋编剧、制作、出演，克里斯执导。"综合格斗家利亚姆"是克里斯在《圣橡镇少年》里扮演的角色。

板很快被伦敦人劫持，他们希望结束那种漫溢的腻味感，讽刺的是，还要撤下我们美国堂兄们所写的发自内心的诗歌。对于伦敦人民来说，这是一个特别恰当的回应：绝不允许恐怖分子暂停我们的日常生活而"获得胜利"。

2017年发生在伦敦桥的另一次恐怖袭击事件中，一名男子被拍到从现场跑到博罗市场，手里还抓着喝了半品脱的拉格啤酒。人们后来发现他叫保罗，来自利物浦。他被誉为复原力的象征，他拥有英国人的幽默感和反抗力。就在今年，记者乔治·蒙比尔特得知自己罹患前列腺癌，他在《卫报》的专栏文章中写道，他仍然jolly，而且决心无论如何保持这种状态，因为"我倒霉的概率只有20%"。他想，总有人的情况更糟糕，他还引用了一句英国格言："振作起来吧，情况本可能更糟。"

身处逆境时的乐观，以及不惜一切代价保持jolly，是对我们大有益处的一种应对策略。我们已经知道，幸福不是一成不变的，我们无法避免坏事发生。无论我们选择哪条路，都会被生活"抓住"。每当艰难时刻困住我们，使我们感到沮丧，我们的目标应该是回到一个可控制的理性状态，一个标准的运动场（也许是配备了可以跳起来投球的球门柱的那种……），我们可以在那里喘口气重新调整。因为幸福可以从那里绽放。就是"绽放"。jolly是赶快微笑起来，充分利用你所拥有的事物。它是快乐、欢笑和狗在利德超市外推着推车的时刻，我们所有人都能注意到它的存在并为之庆贺。幸福藏匿在小事之中。保持 jolly 吧。

# 如何提高你的 jolly 值

## 1.

感觉不太好？烧一壶水，享用一杯茶和一块饼干。两块燕麦饼干下肚后，大多数问题看起来就不那么糟了。这一点千真万确。

## 2.

还是感觉不开心？步伐轻快地去散散步，让内啡肽运作起来，看看你是否能发现一条狗，或一只小兔子。或者，如果想得到额外的一点 jolly，看看是不是能同时发现狗和兔子。

## 3.

谈论天气比什么都不谈要好。研究表明，人与人之间的互动和经常性的接触（任何形式）能使我们保持心智健全，那就谈谈积雨云什么的吧。

## 4.

让事情变得轻松；尽量多笑一笑，拥抱讽刺性，要永远这样。

**英国威尔士**

一

Hwyl

"热忱地做某事"

# Hwyl
## "热忱地做某事"

　　名词，表示一种强烈激动的情感、热忱和激情，它是这个民族的性格中不可或缺的部分。这个词源自威尔士语，原意是"鼓起满满的风、扬帆起航"（hwylio 的意思是"出航"），现在表示用力或者热忱地做某事，也常用来表示"有趣"、"再见"、"祝你好运"或"一切顺利"。

## 英国威尔士

来自波斯考尔的一个特别好的男孩正和我的朋友苏西举行婚礼。我坐在一条长凳上，听着誓言，泪流满面（这是惯例了……）。然后男声合唱团开始了。突然间，我涕泗横流地呜咽，感动得莫名其妙，我差点确信自己即将心脏病发作，内心波涛汹涌。并非我一人如此：我们的朋友贝琪心都碎了，我的另一半甚至说他"眼里进了东西"。什么，你近期准备去威尔士？记得带好手帕。

"我们这里到处都能体验到 hwyl，从橄榄球看台到酒吧里的自娱歌唱会、讲坛上的牧师，当然还有男声合唱团。"我的朋友本告诉我，他来自布莱纳文，解释说威尔士文化的基石中饱含 hwyl。其中最重要的是音乐，即使是无生命的乐器也可以拥有 hywl，特别是铜管乐或长号。"我们喜欢把事情搞得隆重一点，"本告诉我，"我认为威尔士人比我们的盎格鲁–撒克逊邻居更能接受大起大落的情绪，而且我们很愿意谈论自己的感受。"如果一个威尔士人度过了美好的一天，你肯定会知道；反之亦然。"我们不会压抑情绪，而且对威尔士人来说，事情要么是'世上最好的'，要么是'世上最糟的'，"本说，"我们很享受极端的感觉，我们可以极度亢奋或者极度郁闷。"他说话的声音像轻快地唱歌般抑扬顿挫，与这种情绪很相符。本和我已经是二十年的朋友了，所以我直接问他，干吗用过山车的语调讲话。"那是因为威尔士的地形本来就非常起伏嘛，"他回答说，"我不过是我周围环境的产物而已……"本是一名成功的演员和方言大师，他知道怎么追根溯源。他解释语调如何以最佳和最有效的方式与地貌景观相匹配，使语音传得很远。"例如，英格兰东部的沼泽地区非常平坦，所以他们的元音也是这样平坦，"他说，"但是在威尔士山谷，情况正好相反。"正如地貌和语调的抑扬变化都有山峰和低谷，hwyl 也是孕育狂热高音和戏剧性低音的温床。

"hwyl 不是舒适而温暖的东西，它是夸张的、忧郁的。"黛安说。她是我朋友海韦尔（他基本上可算作目前在世最具威尔士特色的生物）的老师，来自威尔士浦。黛安提醒我："威尔士性格中有一点火苗和硫黄。"威尔士最著名的诗人狄兰·托马斯受到他姨妈多西的牧师丈夫大卫·里斯大人的启发后，发展了自己慷慨激昂的风格。大卫的布道充满了激情，使狄兰开始思考布道的力量和威尔士独特的 hwyl 品质，他拥抱并且利用了这种品质，这在他写的《桃子》中尤其得到体现。今天，hwyl 完全世俗化了，不含道德说教，但威尔士的牧师夸夸其谈的痕迹和戏剧性夸张的风格得以保留。黛安告诉我："一定年纪的威尔士人会直接翻到报纸的死亡专栏问：'谁死了？'"她解释道："这只是威尔士心态的一部分，我们非常喜欢那种忧郁性格。我们就是很夸张。"

威尔士人将艺术放在首位，各地都有诗歌、文学和表演的节日，它被称为"诗人及音乐家大会"（eisteddfodau），其历史可以追溯到12世纪。学校里的每个孩子都要体验"诗人及音乐家大会"，它还有青年版、村庄版、地区版、全国版，19世纪的阿根廷和巴塔哥尼亚甚至建立了威尔士这种习俗的前哨，即国际版的"诗人及音乐家大会"。"你可以在这些大会中看到hwyl得以充分发挥。"黛安告诉我。她解释说，这些活动都非常有权威性，人们会通过竞争来赢取"精美雕琢的椅子和冠冕"。我正想说这听上去很像《权力的游戏》，黛安告诉我"威尔士人确实重视理智主义"，所以我觉得他们应该是比《权力的游戏》更厉害了。威尔士人的确太理智了，甚至直到最近，一份周刊还专辟一页介绍诗歌技巧和结构。这事儿不可能出现在英国的其他地方。

在威尔士，学习因其内在价值而一直得到重视，但人们也认为教育是一条让孩子免于去矿井下辛苦工作的途径。在工业革命中，煤炭取代木材成为主要资源，采矿业因此成为威尔士的主要行业。由于坍塌等事故，采矿是一项危险职业，矿工们也因为在狭小的煤层里工作而面临呼吸和肌肉方面的问题。随后，石油业的崛起终结了威尔士的矿业开采，矿坑也关闭了，尽管1984年有著名的矿工罢工事件，这事也被玛格丽特·撒切尔粗暴地压制了。"我们非常尊重矿工的工作以及他们的传统，"黛安说，"当那些矿井关闭时，许多联系紧密的社团和完整的社会结构也没了，这是一场悲剧。不过，这份工作本身既艰难又危险，所以矿工们总是希望他们的孩子能受教育，从而可以过上更好的生活。"因为这些逆境，也因为威尔士人意识到自己屈居一个更强大的邻居旁边，他们一直都有强烈的共同体精神和团结意识。他们有着工会传统，人们终身支持工党，还拥有譬如全民医保这样的先进体系，这一体系最终演变为威尔士人安奈林·比万领导创建的医疗服务体系。"我们经常标新立异、故意不合作。"海韦尔补充道。我爱死这些威尔士人了。

　　除了有主见、坚韧不拔之外，威尔士人近年来还齐心协力地保护他们的传统。自 1992 年以来，学校强制学生学习威尔士语，绝没有哪个威尔士人不为其龙饰纹章的传统遗产而感到无比自豪。"关于我们的家乡，有些东西对威尔士人来说意义重大。"黛安说。她进一步为我介绍了威尔士语中的瑰宝，再次证明了她热爱故乡。例如 cynefin，这个名词的意思是一个人与他出生的地方、最令他自在的地方或令他感到自己应该在其中生活的地方之间的关系。还有奇妙的 milltir sgwâr，即"平方英里"，这个短语用来定义你自己的一方土地或者说牵动你心弦的某个地方。本说："在威尔士，你来自哪儿是非常重要的。"他告诉我他的家族起源可追溯到 18 世纪初南威尔士一块十平方公里的地方，他现在还住在那附近（"我们不喜欢出远门"）。

　　本的家人扎根于威尔士的程度可能比大多数人更深，但留在故乡的冲动是所有威尔士人多少都会经历的。"我们有一种叫作 hiraeth 的东西，"黛安告诉我，"那是一种乡愁的感觉，我们对故土怀有深深的爱和怀旧，甚至有一种神话了的认识。"我正在想象龙的样子（因为威尔士的官方旗帜就是这个），黛安继续描述拥抱家乡的激情，而我作为一个快乐的英格兰女人，很难对此产生共鸣。"这感情就是 hwyl，"她告诉我，一边精准地描述着因 hiraeth 而澎湃的心，一边重申，"它不是一种柔软、松快的感觉，而是巨大的对生活的狂热或兴奋，非常……具有威尔士风格！"或者，用我的朋友本的话来说："我们竭尽全力做每一件事。"完全同意。

# 如何体验 hwyl

## 1.

鼓满你的风帆全速前行,拥抱生命的高潮和低谷( 像真正的山谷那样 )。

## 2.

随时随地歌唱，准备好手帕。

## 3.

赞美教育和理智主义，因为它们有益于我们所有人，无论我们是什么年龄、拥有什么社会背景。还有，如果 hwyl 主张用力生活，我们应该会想学习更多关于这个世界的知识。

## 4.

珍惜你的家乡和人民。你得知道，如果你离开家乡时感到非常、非常想念它，这很正常。hiraeth 就是这个过程的一部分。